走近山水画大家

妙手丹青，桃李天下
苏春生评传

桂国强 策划
苏春生 绘画
傅明伟 著

上海大学出版社

　　苏春生，名畅，字守玄，号雪堂、玉龙草民。浙江苍南人。其父苏渊雷为当代著名学者、诗人、书画家。家学渊源，幼承庭训。早年拜海上名家唐云、钱瘦铁为师。1959年考入浙江美术学院中国画系，师从陆俨少、潘天寿、陆维钊、顾坤伯、方增先诸大师。专攻山水，兼学书法、画论等。

　　长期从事中国画创作与美术教育工作。曾任华东师范大学艺术教育系主任、教授、硕士生导师，上海艺术教育委员会委员，美国维拉诺瓦大学客座教授，日本洗心水墨画会顾问等。现任上海渊雷文化艺术基金会名誉会长、钵水斋上海山水画研究院名誉院长、上海海派书画院顾问、上海春江书画院院长、上海美术家协会会员、黄山书画院特聘画师等。

2008年，苏春生拜访徐中玉先生

2009年，周退密先生为《苏春生山水画集》题"山水清音"

1987年，苏春生与父亲苏渊雷在书画展上

上海美术馆"首次中日书画作品公开征集展"上,苏春生与谢稚柳先生合影

在上海书画院山水画展上,陈佩秋老师品评苏春生作品

1984年,上海美术馆举办"首届华东师大美术系教师作品展",苏春生与唐云先生(中)等著名画家参观留影(左一为苏渊雷)

20世纪80年代,苏春生与方去疾先生、母亲傅韵碧合影

1983年,在"苏渊雷、苏春生父子书画展"上,苏春生与谢稚柳先生合影

苏春生在上海美术馆与程十发先生合影

陈佩秋先生与苏春生、郑文、钱保纲在上海书画院山水画展上合影

1987年,苏春生与恩师陆俨少先生

1989年,苏春生与恩师唐云先生于大石斋

1984年,苏春生与方增先先生参观"华东师范大学教师首届画展"

2010年,苏春生赴杭州参观唐云艺术馆

2009年,苏春生参观"陆俨少书画展"

1994年,在傅明伟新书《世界妙语精粹大典》发布会上,苏春生与刘旦宅先生交谈

苏春生和母亲(左二)、吴青霞女士(右二)、胡振郎先生合影

苏春生和儿子苏毅在上海美术馆前与汪观清老师（中）合影

20世纪90年代，苏春生与画友陈鹤良合作绘画

2009年，苏春生与张森在展览会上

2004年，苏春生与卢坤峰（右）、吴山明（左）在吴山明画室合影

2009年,在"山水清音——苏春生山水画展"开幕式上,华东师范大学俞立中校长代表学校向苏春生赠送纪念品

2011年,苏春生与李伦新先生在"辛亥元老、海派巨擘——王一亭书画艺术纪念展"上

2004年,苏春生与老师伏文彦在美国旧金山

1991年,由文汇报社组织的"苏氏三代赈灾书画义卖展"在锦江饭店举办,华东师范大学袁运开校长与王元化教授等出席开幕式

2004年,上海源流画廊举办"海上二苏书画展",90岁高龄的苏春生母亲与嘉宾周瑞金、李伦新、刘际潘、陈燮君等出席

2011年,苏春生与乡贤周瑞金先生合影

2013年,在上海玉佛禅寺苏春生(左二)主持"纪念国学大师苏渊雷诞辰105周年"活动

1993年，苏春生和儿子苏毅与日本书法家氏家禾有先生在黄山合影

苏春生与傅明伟（右二）、张燕钧（右一）拜访上海玉佛禅寺觉醒大和尚

2004年，苏春生与浙江美术学院64届同学合影

苏春生与韩天衡在上海豫园

2009年，苏春生与上海中国画院院长施大畏在上海中国画院"山水清音——苏春生山水画展"上合影

2009年，苏春生与周长江（左）、金家驹（右）在"山水清音——苏春生山水画展"上合影

2009年，苏春生夫妇与唐逸览夫妇（左）在"山水清音——苏春生山水画展"上合影

2009年，苏春生与陆亨夫妇（中）、陈家泠（右）在"陆俨少百年诞辰纪念展"上合影

2009年，苏春生与吴山明在"陆俨少百年诞辰纪念展"上合影

2009年，苏春生与车鹏飞在"陆俨少百年诞辰纪念展"上合影

2009年，苏春生夫妇、儿子苏毅与画友孙鸣一夫妇（前右一、右二）合影

1991年,在钵水斋中,苏春生和傅明伟观看苏渊雷先生题字

2012年,苏春生赴温州采访温州大学陈增杰教授(右二)、张如元教授(左二)和温州市书法家协会主席张索先生(左一)时合影

2013年,苏春生、傅明伟在温州拜访书法家萧耘春(中)先生

苏春生与画友张伟人在寓斋

1991年，苏春生参加陆俨少艺术院奠基仪式时与陆亨合影

2018年，苏春生与华东师范大学副校长任以群（左）、设计学院名誉院长王大宙（右）在温州参加"纪念苏渊雷先生诞辰110周年"活动

2008年，王琪森（右）在"苏渊雷诞辰100周年学术思想研讨会"上发言

2018年，苏春生与温州同乡夏朝新参加苍南县"钵水流芳——苏渊雷诞辰110周年纪念大会"

2010年，在"唐云百年展"上，苏春生和苏毅、陈燮君（右二）、唐逸览（右一）合影

2000年，黄山市市委书记臧世凯（中）会见日本友人氏家禾有（右）、苏春生夫妇

2002年，苏春生与首任黄山市市长季家宏重逢于黄山

2008年，苏春生向时任温州市市长赵一德汇报父亲诞辰100周年纪念活动计划，得到大力支持

1992年，日本洗心书会氏家禾有先生（中）率团到华东师范大学访问学习，与苏渊雷（左五）、苏春生（左三）父子等合影

苏春生与华东师范大学教授施亚西先生

2014年，苏春生与苏加强宗兄赴太行山写生

2000年，中央教育电视台拍摄苏春生《怎样画黄山》纪录片

1985年，苏春生与著名演员白杨（中）、作曲家王云阶（右二）等游览松江时合影

1987年，记者郑重参观画展时与苏春生合影

油画家俞云阶夫妇参观画展时与苏春生合影

演员刘子枫夫妇参观画展时与苏春生合影

1997年，苏春生在美国纽约与浙江美术学院同学金光渝（左）、汪大文合影

2006年，苏春生在美国纽约大都会博物馆与王大宙（左）、徐文华合影

2007年,苏春生为上海市委党校大会议厅创作的《美丽中国 顺风万里》

苏春生与"笛子大王"陆春龄合影

2020年,苏春生"雪堂"年会

2006年,美国纽约亚洲艺术节,苏春生作品《桂林山水》为特等奖奖品

2013年,上海玉佛禅寺举办"苏渊雷115周年诞辰纪念会",海派后裔"笔会"合影

2011年，苏春生与汪志杰（左二）、高云龙（右二）、齐子春（右一）在汪志杰教授画展上合影

2005年，苏春生与温州苍南县领导苏庆明（右二）、林森森（右一）、丁宗阳（左一）合影

苏春生与好友连云清

2020年，苏春生与好友何炳鳌在雪窦寺太虚塔院

苏春生在温州首届艺博会中与温州苍南县好友雷朝阳

2009年，苏春生与好友郭鸣参观画展

1987年，苏春生应邀在日本横滨市举办中国画展

1989年，苏春生将《黄山写生要法》一书赠予日本横滨市海外交流协会

1992年，苏春生在日本仙台博物馆举办"苏春生黄山精品展"，与寺田由一（左二）、许毅（右）合影

1992年，苏春生在日本仙台文化会馆做讲座

2002年8月，苏春生在日本拜访横滨市市长中田宏

2007年，应日本书法家种谷万城先生邀请参加"第24回日中友好书道展"，苏春生、孙乃树赠送书法作品

1996年，苏春生在温哥华画友黎沃文陪同下访问画家、收藏家顾小坤（其父顾坤伯是苏春生在浙江美术学院的老师）时合影

1997年，苏春生在美国宾夕法尼亚大学博物馆参观流失海外的中国国宝"唐昭陵六骏"之一

1997年，苏春生访问美国宾夕法尼亚州维拉诺瓦大学，拜访校长并赠送画册

1999年，"氏家禾有、苏春生书画展"在黄山市书画院举办

2003年，陆俨少提名弟子展中，日本书法家氏家禾有率团参观，与苏春生及陆俨少艺术院院长王漪、副院长陆亨合影

2004年，苏春生在美国加利福尼亚州艺湾美展开幕式中致词

2006年,苏春生为汇京置业绘制巨幅山水画,在画前与杜元龙先生合影

苏春生与白桦夫妇(左)、傅明伟(左三)、王宏喜夫妇(右二、右三)、张燕钧等欢聚

1986年,苏春生为宝钢集团创作巨幅山水画《江山如此多娇》

2009年,苏春生与宗侄苏新在"山水清音——苏春生山水画展"上

2014年,苏春生与徐文华老师及上海轻工业专科学校同学参观陈逸鸣画展时合影

上海轻工业专科学校何思广老师(右四)自广州来访,多位同学一起相聚苏春生的"雪堂"

苏春生和傅明伟在温州苍南苏渊雷故居前

1991年,苏春生在创作笔会上挥毫作画

1991年,苏春生参加傅明伟新书《世界妙语大全》发布会前挥毫作画

2007年,苏春生与画友徐有武赴新疆采风,王焕生、张兵之全程陪同(摄于新疆胡杨林)

2013年8月,苏春生参加上海书展傅明伟签名售书《走近国学大师——苏渊雷文萃》《走近国学大师——苏渊雷评传》活动时发言

2021年,苏春生与外甥张强在上海渊雷文化艺术基金会"钵水斋"书翰信札展开幕式时合影

作者简介

傅明伟，曾师从现代著名文史学家苏渊雷先生多年，深受其教诲。信奉孔老夫子"学而不厌，诲人不倦""学而不思则罔，思而不学则殆"以及苏先生"生命的意义在于创造，而奋斗是它的手段"等格言。

出版主要作品有：

《世界妙语精萃大典》（河海大学出版社，1994年）

《世界名人格言精选》（世界图书出版公司，1997年）

《唐诗精品99首》（上海交通大学出版社，2002年）

《唐宋词精品99首》（上海交通大学出版社，2002年）

《中华千古名篇选读》（中央编译出版社，2006年）

《红楼梦写真》（上海锦绣文章出版社，2007年）

《走近国学大师——苏渊雷文萃》《走近国学大师——苏渊雷评传》
（华东师范大学出版社，2013年）

《不忘初心，让作品说话——王宏喜评传》（上海大学出版社，2020年）

目　录

题词　龚心翰 / 001
序一　李伦新 / 002
序二　觉　醒 / 004
序三　陈燮君 / 006

前言 / 017

一、与大自然相伴的童年 / 023

二、书香门第，慈父严教 / 029

三、聪慧好学，立志艺术 / 035

四、名师与高徒 / 055

五、大自然的熏陶 / 067
　　1. 在大自然的熏陶下提高了美学素养 / 069
　　2. 在大自然的熏陶下加强了
　　　　对国画精髓的认识 / 076
　　3. 在大自然的熏陶下提高了文学素养 / 078

六、情投意合，相敬如宾 / 081

七、仁爱之心 / 087
　　1. 父爱如山重 / 089
　　2. 母爱似海深 / 097
　　3. 恩师难忘、同窗谊长 / 101
　　4. 亲情浓浓 / 101
　　5. 大爱无国界 / 103
　　6. 爱生如子 / 104
　　7. 海内存知己，天涯若比邻 / 111

八、授业解惑，桃李天下 / 115

九、创新使艺术生命常青 / 131
    1. 学习经典，回归经典 / 133
    2. 理解中国画的本质 / 135
    3. 培育文人气象，体悟文化精神 / 139
    4. 顺应时代，讴歌祖国 / 142

十、黄山——画家的梦 / 145
    1. 从黄山的自然美到苏春生山水画的艺术美 / 147
    2. 苏春生黄山画的风格 / 152
    3. 苏春生黄山画的技法 / 156
    4. 苏春生黄山作品的介绍 / 161

十一、桃李不言下自成蹊，让作品说话 / 165
    1. 传家诗书画 / 167
    2. 一步一个脚印，百炼成钢 / 169
    3. 精益求精，从不懈怠 / 171
    4. 佳作如云，好评如潮 / 173

十二、生命不息，攀登不止 / 181

十三、谈古论今，承继经典 / 189

附录 / 199
    苏春生艺术年表 / 201
    苏春生谈艺录 / 211
    苏春生写生和创作构思稿 / 216

后记 / 231

苏春生作品选 / 236

搜尽奇峰师前贤
析古韵新笔传神

祝贺《苏春生评传》出版

龚心瀚 二〇二一年仲秋

龚心瀚先生 题词

（作者为中共中央宣传部原副部长）

序一

苏春生是著名海派山水画大家，出生于诗文书画世家的"钵水斋"，受其父、著名文史学家苏渊雷"诗书画三绝兼擅，文史哲一以贯之"的家教。幼年时受海派名家唐云、钱瘦铁的点拨，1959年考入浙江美术学院（今中国美术学院前身），专攻山水画，兼学书法、画论等，师承当代中国画名家潘天寿、陆俨少、陆维钊、顾坤伯、方增先等大家，经受了严格的笔墨训练和系统的绘画研习，以其勤奋和才学，颇得陆俨少等大师赏识。

作为一名学者型的文人画家，苏春生对传统的中国画进行了深入的探索，上溯五代宋元之范宽、董源、李唐和倪瓒，下效明清之沈周、石涛，乃至近代的张大千、潘天寿、陆俨少，他都心摹手追，深思力学。从其山水画中，无论是山，是水，是松，是柳，还是云，都能感受到历代大师的影响。后来他执教于华东师范大学艺术教育系，任教授、系主任，桃李天下，教学硕果累累。苏春生曾任上海艺术教育委员会委员、美国维拉诺瓦大学客座教授、日本洗心水墨画会顾问等。现任上海渊雷文化艺术基金会名誉会长、钵水斋上海山水画研究院名誉院长、上海海派书画院顾问、上海春江书画院院长、上海美术家协会会员、黄山书画院特聘画师等。

苏春生从1972年起，50多个春秋，39次登临黄山，执着地以黄山为友、与黄山对话、为黄山写照，追求表现黄山峻秀挺拔的雄姿及黄山云海云烟变幻的神韵，这可谓画界壮举。苏春生在长年的创作实践中，汲取、容纳了传统绘画的神采和精华，开创了自己山水画的独特风格。

看苏春生的《奇峰耸秀白云舒》《云涛万顷松色翠图》《黄岳梦游图》《黄山韵系列》等山水画作品，印象深刻的是他深厚扎实、丰富全面的笔墨功夫，那飞动的云海、挺秀的峰峦、雄健的苍松、峻美的奇石，线条、色彩变幻莫测，构图、造型出神入化，形成了独特的黄山笔墨语汇和构图语境，将美学意境的虚实相生、动静相应和写意渲染等演绎得淋漓尽致，被美术界誉为"苏式黄山画风"。

1991年上海电视台以"山有气骨水有情"为题介绍了苏春生的山水画作，2000年《苏春生画黄山》8集教学光盘由中央教育电视台向全国播出，影响很大，受到全国山水画爱好者的好评。

苏春生的作品多次在国内展出并获奖，作品被上海、江苏、郑州、辽宁以及温州、杭州、桂林、黄山等地美术馆和博物馆收藏，还数次赴美国、意大利、加拿大展览，特别是数十次赴日本展出交流，深得日本友人的喜爱，为传播、扩大中华优秀传统文化做出了贡献。

我多年来数次参观过苏春生山水画展，曾被邀请参加苏春生作品研讨会，对其艺术创作成就有所了解，受益匪浅。

傅明伟同志青年时期曾求学于苏渊雷先生，数十年来出版不少著作。几年前曾拜读过他编著的《走近国学大师——苏渊雷文萃》《走近国学大师——苏渊雷评传》，两书为华夏优秀文化持载，颇受好评。2020年年底他出版了《不忘初心，让作品说话——王宏喜评传》。今又写成《妙手丹青，桃李天下——苏春生评传》，将"海上二苏"诗心文胆、丹青流芳尽收笔底，并邀我写序，作为相交、相知多年的朋友，我当勉为其难。

以上文字，便是我对《妙手丹青，桃李天下——苏春生评传》出版的诚挚祝贺！

苏春生年届高龄，仍艺术攀登不止，屡显余晖。我衷心祝愿这位老画家身体健康，创作丰收。

是为序。

李伦新
2021年仲秋

（本文作者原任上海市文联党组书记）

序二

"文人画"是中国传统文化中精彩的一笔,画家的笔墨情趣、典致气韵无不呈现文人的品格修养和高远意境。与我相识、相知、相交近30年的苏春生先生便是这样一位文人画家。

苏春生先生是海派著名的山水画大家,出生于诗文书画传家的"钵水斋",其父亲是著名文史学家、佛学家苏渊雷先生。苏渊雷老先生曾看望驻锡玉佛禅寺的太虚大师,并在大师圆寂之时发文志哀。苏老先生亦与真禅法师相交五十余载,同研华严,探究人间佛教真义。苏老先生"通古今之变,成一家之言",他的研究涉及古典文学、史学、哲学、佛学,提倡文化综合的方法论,以求学术的融通。他在佛学研究上,融会了东西文化之精粹,批判综合,兼收并蓄,错综观相,精微洞察,摄取精华,达致罕见的"会通"境界,取得令人瞩目的成就,是我国重要的佛学研究大家。

在"诗书画三绝兼擅,文史哲一以贯之"的家学影响下,苏春生先生又得诸多海派名家亲授,幼年时得唐云、钱瘦铁点拨,1959年考入浙江美术学院之后师承陆俨少、潘天寿、钱瘦铁、方增先诸位大家,书画兼修,成为一代文人画家。我记得苏先生独爱黄山,39次登临黄山,探奇撷秀,与黄山为友,与黄山对话。他笔下的黄山风骨卓然、气势万千、典雅灵秀,他创作的《黄山系列》出神入化,"外师造化,中得心源"。为此,中央广播电视大学特地拍摄了《苏春生画黄山》8集专题纪录片,在中央教育电视台向全国播放,影响了无数青年书画学友。苏先生的"苏氏黄山画风"名重艺林,常青艺史。

我曾多次参观苏春生先生的山水画展,先生的文人画以文入画,笔力颖脱,意境悠远。他的画作被国内多家美术馆和博物馆收藏,亦数次远赴美国、意大利、加拿大等国展览，数十次赴日本参与国际文化交流，为传播、扩大中国优秀传统文化影响赢得了声誉，为树立文化自信贡献了力量。

苏春生先生不仅自探画韵，还尽己所能传承画艺、作育人才。他曾任华东师范大学艺术教育系主任、上海市艺术教育委员会委员等，把他格古韵新的文人画心得，传授给青年学子们，桃李天下，硕果累累。文化需要承继和发扬，文化名人是承继和发扬文化的开路先锋，他们在文化发展的历史长河中像群星一样闪耀，使文化得以健康地发展，长远地传承。宏观的文化视野、丰富的艺术修养和学术积淀，加上独特的生活感悟，一旦转化为艺术形象和笔墨语言，往往会迸发出常人难以企及的艺术之光。古代和近现代画史上，顾恺之、董其昌、傅抱石、黄宾虹、潘天寿、陆俨少等就是杰出代表。苏春生先生正是当今中国山水画创作领域中的翘楚文人画的代表。

我与本书著者傅明伟先生也相识近30年。20世纪80年代，我跟随真禅法师探望苏渊雷老先生时就与傅先生相识了。傅先生求学于苏渊雷老先生，获益匪浅，数十年间著作不少。几年前曾拜读他的《走近国学大师——苏渊雷文萃》《走近国学大师——苏渊雷评传》，两书为华夏优秀文化持载，颇受好评。今年又写成《妙手丹青，桃李天下——苏春生评传》，将"海上二苏"诗心文胆、丹青流芳尽收笔底，以文解画，以心会艺，实乃佳作。

得知《妙手丹青，桃李天下——苏春生评传》一书付梓，我由衷欢喜，诚挚赞叹。苏春生先生年届高龄，创作思考不辍，他探索求新的艺术精神和攀登不止的艺术品格激励着我们，感染着我们。衷心祝愿先生身体康健，创作丰收。相信此书能够为艺术繁荣做出贡献，为中国优秀传统文化的传承发展再添助翼。

是为序。

中国佛教协会副会长
上海玉佛禅寺方丈　觉醒

2021年仲秋

序三
守候山水的灵性

苏春生先生将出评传，邀我写序，欣然应诺。

与春生先生交往多年，感悟他的艺术人生，欣赏他的人文情怀，喜欢他的山水品格，赞佩他的家学传承。我们频于交流，沉浸艺事，感怀山水，探讨水墨。我有幸为《走进国学大师——苏渊雷文萃》写《学者之诗，勇士之史》，代为序言，为"海上二苏画展"演绎浩然，舒展清逸，在上海渊雷文化艺术基金会成立会上即兴感言，在学术研讨会上作专题探索……览读了"海上二苏"的艺术胆略和文化自觉，领略了春生先生的山水精神和笔墨智慧。

春生先生虽然已入耄耋之年，却充满艺术活力。他依然用人生岁月守候山水的灵性！敬意油然而生，感慨万千，赋诗一首："山城童年惊魂碎，江南烟雨唤朝晖。西子湖畔求风骨，黄山奇峰透纸背。浙游写生集春秋，云岳入梦诗心随。上善若水江天阔，清气萦怀风帆归。"

1. 江南滋养　温润奇逸

江南的水土人文、风物长忆滋养了春生先生的画风品性。

春生先生生于山城，童年在重庆度过，当时抗战正酣。抗战胜利后，东归南京，1948年举家迁往上海，之后在杭州浙江美术学院读书，多数时间生活工作在上海。"杏花春雨江南"，"江南好，风景旧曾谙"，"江南柳，花柳两相柔"，"江南月，如镜复如钩"。陶渊明的"采菊东篱下，悠然见南山"，发现了田园之美。杨万里的"卷帘亭馆酣酣日，放杖溪山款款风"，传出了溪山春意。白居易的诗句"江南名郡数苏杭，写在殷家三十章"，江南繁华更是家喻户晓。唐后期，人们将江南地理景观表述为"三吴烟水，百越山川"，或"吴中烟水越中山"，对江南山水的认识进入一个新的阶段。关于江南的烟雨，有宋代金君卿的《南唐》："二月江南烟雨多，南唐一夜涨春波。堤边游女最归晚，争引渔舟作棹歌。"关于江南的花树，可读杜牧的《寓言》："暖风迟日柳初含，顾影看身又自惭。何事明朝独惆怅，杏花时节在江南。"关于江南的小桥，柳永写了杭州的《望海潮》："烟柳画桥，风帘翠幕，参差十万人家。"江南采莲，作为诗歌的主题，首次在中国古典诗歌中出现，是汉乐府的《江南》："江南可采莲，莲叶何田田。鱼戏莲叶间。鱼戏莲叶东，鱼戏莲叶西，鱼戏莲叶南，鱼戏莲叶北。"

温润奇逸的江南滋养是浸润于日常生活的。春生先生常常喜欢谈起江南的生活，让自己的江南山水作品留驻亭阁，坐看云起，闪现点帆，倒映明月，隐现荷塘，飘出茶香。远山、近阁，亲水、临池，石阶、平台，青苔、挂流，飘云、细雨，摇曳的小船、高论的士人、江边的桅杆、隐约的白墙、一旁的翠林、中景的石桥、静谧的古镇、幽幽的诗意……都会出现在春生先生的作品之中。

我们可以从春生先生的作品中细细品味江南。

作品《林泉清韵》画"岭背冬云湿不流，江南丘壑梦中游"，构图清晰，松石相间，流水潺潺。如郭熙《林泉高致》所云："东南之山多奇秀，天地非为东南私也。东南之地极下，水潦之所归，以漱濯开露之所出，故其地薄，其水浅，其山多奇峰峭壁而斗出霄汉之外，瀑布千丈飞落于云霞之表。"《青绿山水》画江南生态，兼顾人文，写四季青绿，有时光动静，生动地诠释了《林泉高致》的山水哲理：

山，大物也，其形欲耸拔，欲偃蹇，欲轩豁，欲箕踞，欲盘礴，欲浑厚，欲雄豪，欲精神，欲严重，欲顾盼，欲朝揖，欲上有盖，欲下有乘，欲前有据，欲后有倚，欲下瞰而若临观，欲下游而若指麾，此山大体也。

水，活物也，其形欲深静，欲柔滑，欲汪洋，欲回环，欲肥腻，欲喷薄，欲激射，欲多泉，欲远流，欲瀑布插天，欲溅扑入地，欲渔钓怡怡，欲草木欣欣，欲挟烟云而秀媚，欲照溪谷而光辉，此水之活体也。

山以水为血脉，以草木为毛发，以烟云为神采，故山得水而活，得草木而华，得烟云而秀媚。水以山为面，以亭榭为眉目，以渔钓为精神，故水得山而媚，得亭榭而明快，得渔钓而旷落，此山水之布置也。

作品《松涛流水自成音》流淌着江南的松风、云雾、溪声、水色，简约洗练，以少胜多。《夏山过雨万泉流》黑白相宜、疏密有致、视觉穿插、时空交错，尽收"夏雨过后万泉流，江南峰峦水中秀"的艺术震撼。《山静松声远》画得安详、宁静、和谐、协调，天籁松有声，山幽音更远。《万峰深处听泉声》画中视域宽阔，气势磅礴，上有千仞之峰，下临百丈之溪，松挂危峰疑落，虚空倒影飞白。此时，依稀传来吟诵："清泉汩汩净无沙，拾取松枝自煮茶。"《唐贤诗意图》集先贤山水名句，汇江南自然元素，秀润而空灵，古朴而奇逸。《云山如梦——苏春生山水卷图集》收入作品《万古江天卷》《高山流水卷》《摩云揽胜卷》《山水清音卷》等山水手卷16卷，"胸中丘壑，得之于自然而气象万千；纸上云烟，渊源于蒙养而迷蒙氤氲"。水墨视觉，聚焦于乡愁而倍感亲切；山水手卷，舒展于江南而更让人爱不释手。

2. 神往黄山　格古韵新

黄山奇峰云海是春生先生神往之处，他39次登临黄山，体验奇美，细察风云，速写打稿，寻觅意境，从关注松石、写生瀑景，到搜寻千峰叠嶂、绵亘山脉，从"移目换形""移步换形"到追求山峦峰巅间挺拔、潇洒的仪态和神韵；从品味自然美的典范，到全面驾驭真善美；从"黄山是吾师"到同悟"黄山是吾友"……春生先生出版了《黄山写生要法》。应中国电视师范学院之约，他拍摄"苏春生画黄山"电视片，并应中央广播电视大学出版社之邀，出版了《苏春生画黄山——山水写生技法》。

黄山，古称"黟山"，唐改黄山，在安徽省南部黄山市境内，由花岗岩构成，为青弋江上游源地。南北长约40千米，东西宽约30千米。三大主峰莲花峰、光明顶、天都峰海拔均逾1 800米。风景秀丽，以奇松、怪石、云海、温泉著名，并称"黄山四绝"。其七十二峰各具特色，有玉屏楼、云谷寺、半山寺、慈光阁、始信峰、天都峰、莲花峰、仙人洞、白鹅岭、百丈瀑等名胜古迹。

"仙境黄山最入画"，春生先生写下了《黄山——画家的梦》：

在我国安徽南部，坐落着我国最美的一座奇山——黄山。大自然似乎对这座山情有独钟，它不仅把泰山的瑰伟、华山的峻峭、衡山的秀逸、峨眉的磅礴、雁荡的嶙峋、匡庐的奇秀……都熔铸于其中，而且还采来与众不同的峰石、苍翠挺拔的奇松加以点缀，携来雪浪滚滚的云海、扑朔迷离的烟雾和绮丽绚烂的霞光作为烘托，使这里的景更加美轮美奂，奇绝无比。"五岳归来不看山，黄山归来不看岳。"只有大自然这样卓越的手笔，才能造就出黄山这样一座具有东方神韵的奇山，成为历代无数画家梦中追求的仙境。

黄山是峰的海洋。整个黄山山脉，绵亘数百里，千峰叠嶂，万壑纵横。三十六大峰雄壮威武，三十六小峰秀美多姿，形成气势磅礴的峰之海。黄山的峰以奇以险著称于世。清代程弘志说："山行之险，莫如黄山。而黄山险处，乃黄山奇处。险不极，奇亦不极；险至不可思议，奇亦不可思议。"黄山因险而奇，因奇而美。在奇峰林立的峰海中，莲花、天都、光明顶三大主峰耸立云霄，鼎足而立。海拔居黄山第一的莲花峰如瑶池芙蓉，亭亭玉立于天表；而天都峰则突兀拔起，危石高耸，矫矫不群，显得气势不凡；光明顶则缓缓升高，山顶平旷，登临可观天海，气势恢宏。黄山奇峰无数，更有无数灵幻的奇石、巧石、怪石，它们大大小小，或聚或散，遍布峰顶、山腰和崖谷，与山峰有机结合，构成一幅幅绝妙的峰石图。黄山石之巧，在于它往往有"移目换形""移步换形"之妙。这也是清代曹文埴《黄山游记》所谓："易一面则易一形，参一峰又现一相，有一石皆可名一物，而执一物不足尽一石。"

黄山无峰不石，无石不松，无松不奇。松树们在山峦峰巅之上，在断崖绝壁之间破土而出，顽强生长。它针叶森森，鳞甲灼灼，干曲枝虬，挺拔如削，浑身上下透着一股超逸、壮激、傲然之气，令观者肃然起敬。黄山名松数不胜数：迎客松、陪客松、送客松、蒲团松、卧龙松、麒麟松、双龙松……这些都可称得上是"奇山中的奇品"。然而不论是有名的还是没名的，黄山松都挺拔、潇洒，仪态万方，极富神韵。

"黄山自古云为海"，神奇、美妙、轻盈，多姿的云，予黄山以生命。黄山有了云雾的渲染和点缀，更加有灵性，有生气。晴天的云，无声无息，清雅素淡，悠闲舒卷，轻飘漫游。雨后的黄山，烟云从巨壑深谷升腾，往往顷刻间就汇成波澜壮阔的云海，上下翻滚，犹如惊涛拍岸，又似巨浪排空，境界不凡。远处的峰峦，都淹没在云海之中，只有少数的奇峰怪石，像小岛似的时隐时现，时沉时浮。"白云倒海忽平铺，三十六峰连吞屠。风帆烟艇虽不见，点点螺髻时有无。"道出了云海的奇景。许多著名的景观由此而生，如"猴子观海""仙人飘海""十八罗汉朝南海"。浓淡无常的烟云舒展，弥漫于深谷之中，构成一幅"山在虚无缥缈中"的画面。这烟波浩森的云海胜境，扑朔迷离，变幻莫测，身处其中几乎分不清在天上还是在人间。这如梦般的黄山把大自然的迷人魅力展现得淋漓尽致，真可称得上是自然美的典范。各种形状、色彩、声音无不和谐统一在一起。千百年来无数文人、画家为它的风姿所倾倒，留下了一篇篇脍炙人口的诗文，一幅幅精彩绝伦的画卷。

"格古韵新"，是春生先生画黄山的艺术追求。他曾写道：体察自然与对景写生使我们对大自然的认识不断深化。对黄山也同样如此。必须对它的奇峰、异松、云海、飞瀑的特征有一个深入了解和把握，同时，对黄山的朝暮晴雨、四季变化所产生的神韵，作一全面的感悟。作为画家首先要训练自己的观察能力，应该积极主动地去捕捉发现感受黄山所具有的造型特点、生动姿态和美感。如黄山山石的形体结构，在不同风景区的山石结构有哪些不同，如何表现它，如莲花峰、天都峰的结构与北海石笋矼诸峰结构完全不同，前者由于造山运动而形成大块的裂缝，气势较大，而北海一带则由于岩石断裂，多有小块横结构，密而多变。同样，黄山松的特点是松冠平、松针短、枝干曲折变化有力，与其他名山的松树，如华山的松挺直而高大不一样。所以，在整个观察过程中，最重要的是把握总体印象和特征，同时还要注意节奏、动势。提高了观察能力，方能在动笔时，胸有成竹，画出黄山的气韵来。

一是关于山石画法。山石、峰峦是构成山水画的一个主要部分。特别是在黄山，奇峰怪石形成的景色，更具有独特的审美趣味。我们用笔墨来表现不同的山石、峰峦对象的技法就叫皴法。黄山山石大多是花岗岩组成，历经千万年，主要受到断裂的形态、大小、密集程度、地形高度、积雪积水等条件的影响，在这些内外因素的作用下，沿垂直断裂长期崩落风化，形成了众多的陡峭群峰。规模较小者，风化成石柱、石林。而前山天都、耕云、莲花、莲蕊等峰由于断裂巨大而石缝较稀，石纹呈大的网状，大小石纹相间，故前山雄伟、气势宏大。在皴法运用中，披麻皴、荷叶皴、解索皴均可结合用之。而后山西海排云亭一带的山峰多是陡悬破碎的峰林，节理密集而多姿。北海石笋矼一带的石林、石柱又具另一特色，奇石林立，千奇百怪。总的来说，北海一带的山峰比较秀丽而富有变化。它的表现方法，除前山运用的皴法外，还要掌握小斧劈皴、折带皴、雨点皴等法，用笔要苍劲有力，勾皴比较丰富。此外，如朱砂峰、鳌鱼峰等代表了块状峰林，都由大块岩石组成，用笔简洁有力，勾勒清楚，皴笔注意面的结构。

二是关于松树画法。松树为黄山主要的树木。一般生长在海拔800—1 800米以上的高度。许多地方形成挺拔、苍翠的松林，同时也散在石缝、悬崖上，点缀石骨。黄山松树的特征是：针叶短粗而稠密，叶色浓绿，枝干曲生，树冠扁平，盘根于石，傲然挺立。由于自然气候、地理的条件影响，黄山松苍劲而多姿，具有特色。要画好黄山的写生，一定要画好松树，即把它苍劲如虬的形态特征，以及经风雨、耐霜雪、四季常青、巍然挺立的精神风貌表现出来。"松似龙形，环转回互，舒伸屈折，有凌云之致"，这是古人对松的评价。在画面中，一般画松分为近、中、远景，这就要求既能够画松树的近景特写，也能画中景、远景的松树姿态。

三是关于云海、瀑布画法。在山水画中，云气是一个很重要的内容，山本坚实而又宁静，得云气虚之而有动感。山欲高，必以云锁其腰，方见其高。故一幅山水画很少没有云气的。而黄山之四大特点之一，云海，则又是集云气之大成的。宋代山水画家郭熙曰："山以烟云为神采"，"山得烟云而秀媚"，绝非虚语。又曰："真山水之云气，四时不同。春融怡，夏蓊郁，秋疏薄，冬黯淡。尽见其大象，而不为斩刻之形，则云气之态度活矣。"这些都是长期观察生活总结出来的。"黄山自古云成海"，黄山山高谷深，雨量充沛，在低温高压影响下，低层水气容易凝结成云雾，形成独特的云海。气流在山峦间穿行，不断遇到障碍，形成环流谷风，在深壑中时而上升，时而跌落，云雾随之上下弥漫舒展，如同海涛起伏，瞬息之间，变化万千，险峰幽谷，被白云淹没，远近山峰，如同大海中的岛屿。尤其在雨雪天气之后，日出或落日时的"霞海"更为壮观。黄山云海有多处。有位于天都、莲花两大主峰以南的南海（又称前海）；又有位于丹霞、狮子、始信峰以北的北海；还有位于白鹅岭以东的东海，以及位于丹霞峰、飞来峰西侧的西海，再有在光明顶前回看到的天海。各处云海都有其特色。黄山千仞成峰，高山溪流，汇聚倾下，即为瀑布。黄山瀑布虽不多，但有名的也不少，如位于紫石、朱砂两峰间的人字瀑；如位于紫石、清潭两峰间的百丈泉；还有在丞相源和苦竹溪之间，天都、玉屏、炼丹诸峰之水汇合，自香炉峰的悬崖上九折而下的九龙瀑等。而且每当春夏大雨初霁，山谷峭壁间，到处挂着千寻瀑布，景色怡人。故画山水时，间有飞瀑，可使画面静中有动，实中含虚，增添气韵的生动。如诗人李白所写"飞流直下三千尺，疑是银河落九天"，既生动又有气势。

3. 重视方法　展示才情

重视方法，展示才情，是苏春生艺术世界的重要亮点。

中国山水画十分强调绘画方法。山水画大师黄宾虹从笔墨技法实践的角度深入剖析画史画理，如其谓"唐人刻划，宋人犷狞，元季四家出入其间，而从萧疏淡远为之"；"明季启祯间，画宗北宋，笔意遒劲，超轶前人，娄东虞山渐即凌替，及清道咸复兴，而墨法过之"。他还具体论道："北宋人画夜山图是阴面山法，元季四家唯倪、黄用减笔，简之又简，皆从极繁得之。"黄宾虹将墨法总结出"浓墨、淡墨、破墨、泼墨、渍墨、焦墨和宿墨"7种，并在长期的创作实践中，将这些墨法灵活交替运用，呈浓密清厚、乱中有序之象。

黄宾虹对画法自有一套与众不同的独到见解，道出了中国画用笔的真谛与要旨。用笔之法有五：一曰平。古称执笔必贵悬腕。三指撮管，不高不低，指与腕平，腕与肘平，肘与臂平，全身之力，运用于臂，由臂使指，用力平均，书法所谓如锥画沙是也。二曰圆。画笔勾勒，如字横直，自左至右，勒与横同；自右至左，钩与直同。起笔用锋，收笔回转，篆法起讫。首笔衔接，隶体更变，章草右转，二王右收，势取全圆，即同勾勒。书法无往不复，无垂不缩，所谓如折钗股，圆之法也。三曰留。笔有回顾，上下映带。凝神静虑，不疾不徐。善射者盘马变弓，引而不发。善书者笔欲向右，势先逆左。笔欲向左，势必逆右。算术中之积点成线，即书法如屋漏痕也。四曰重。重者重浊，亦非重滞。米虎儿笔力能扛鼎，王麓台笔下金刚杵。点必如高山坠石，努必如弩发万钧。金至重也，而取其柔，铁至重也，而取其秀。五曰变。李阳冰论篆书云，点不变谓之布棋，画不变谓之布算。氵点为水，灬点为火，必有左右回顾、上下呼应之势而成自然。故山水之怀抱，树石之交互，人物之倾向，形状万变，互相回顾，莫不有情。

傅抱石在师法传统方面，其山水画风格主要学石涛。他从20世纪20年代起，前后花了13年时间研究石涛，并从临摹石涛作品中获得灵感。此外，还兼学了王蒙、倪瓒、梅清、程邃、龚贤，以至近现代的吴昌硕、徐悲鸿等，从中汲取营养。其山水画皴法（抱石皴）脱胎于传统技法中的"乱柴""乱麻""荷叶""卷云"和"拖泥带水"等多种皴法，是综合各家之长的提高"结合体"，且因描绘物象的不同而自由运用。一般说来，他画山水的前景，偏重于"乱柴"和"拖泥带水皴"；

中景以后，其皴法大多类似"乱麻""卷云""荷叶皴"的结合体。探其渊源，"乱柴"一路，取法南宋僧人画家莹玉涧和法常（牧溪）。此外，他还从王蒙的披麻皴、解索皴和梅清的缥缈法、龚贤的积墨法、米友仁父子的水墨云山汲取长处，融会贯通，形成自己的独特风格。在山水画创作中，傅抱石对瀑布、水口、湖泊、溪流、雨都十分拿手，手法独特，熔铸古今而非古非今，别树一帜。他打破门户之见，构图形式灵活多样，全景式、分段式、边角式以及一水两山式的自然分疆法都采用，不拘一格。在墨色的运用上，喜欢用泼墨和重墨，颜色用得较少。作画时，当焦墨、浓墨用过后，还要用淡墨轻染，最后才用一点颜色勾填，但十分讲究用对比色，如红绿相配等，从而使画面明快、醒目，形成鲜明的个人风格。

陆俨少对传统山水画的笔墨、章法皆研究极深。笔墨上他注重研求、锤炼线条质感。在《山水画刍议》中，他强调山水画用笔要圆、要毛、要沉着而痛快，要能杀笔入纸；用墨要光润明净，不结不腻而有层次。他的章法变化甚多，往往能突破古人程式而自出新意。结构上注重虚实相生、轻重相间、强调节奏感，小幅册页、手卷、扇面尤其精彩。除了传统技法之外，他又创造新法以表现现实生活，如为表现峡江险水，而创"勾水"之法，甚至画有旋涡；为表现植被覆盖的山峦，以大小不同的点子表现满山林木，又以"勾云""墨块""留白"等技法，表现云气往来，变化多端，皆为古人所无。这与他早中年时寓居重庆、又四处游历的经历密切相关。

春生先生十分重视视觉艺术方法论，在世纪之交就已出版《中国水墨山水画教程》（苏春生著，上海交通大学出版社2000年版）。我有幸写了前言："人们世世代代生活在大自然的怀抱中。这里有沧桑的细语、大地的诗韵、风雨的浪漫和四季的符号。在这里，人们可以聆听苍山的呼吸，检阅松涛的雄浑，感受江河的节律，理解时空的伟力。大江东去，归雁飞掠，塑造了亮丽的风景；空谷幽声，飞瀑直泻，抒发了大自然的情怀；林木沧郁，绿莹醉人，渲染了生命的基色；亭台隐约，炊烟袅袅，留下了人文的履痕。"

春生先生的《中国水墨山水画教程》解析了树木、山石、云水、点景等水墨山水画的元素；引导用笔方略、舞墨方法、构图要点、写生实践、临摹步骤、创稿练习，先从山水单元入手，然后尝试组合，寻求变化，以锻炼造型能力；运用了富于个性的山水语汇，阐述了立意较高的水墨理念，追求高雅静谧的造型意境，坦诚地表达融汇美学原则的艺术思维，提倡循序渐进。读者在喜获水墨山水画技法的同时，还可以悟出这样的哲理：水墨山水的精心营造磨砺了东方民族特有的审美意识，水墨山水的师法造化引发了人与自然的深情对话，水墨山水的的代代师承是中国审美精神的不衰连环，水墨山水的境界升华促进了对于山水精神和生态文化的深入认识。

关于中国山水画的方法，春生先生娓娓道来：中国山水画是以描写大自然景色为主的画种，以树木、山石、点景等元素所组成，当然并不是每一张水墨山水画都包括三个方面，可以侧重描写一两个方面。

在大自然中，生气盎然的林木，点缀着山野一年四季的风姿。古代画家曾说过"林木者，山之衣也"，又有"树是山的眉目"，说明了树在山水中的重要作用。要表达山水景色之美，是很难缺少树木的描绘的，即使一幅画仅画树木，也能表达出大自然之美。开始学习画树，先从枯树着手。因为，没有叶子的树，结构、姿态容易看得清楚。古人说："树无他法，只要枝干得势，则全幅振起。""树分四枝"就是说画树要画出树前后、左右的发枝，这样才有立体的感觉。

大自然中的高山峻岭、丘陵盆地、平原海岛等，构成了不同地貌特点的自然景观，既有气势磅礴的景色，也有秀丽多姿的风光。要表现不同山石对象，前辈画家经过长期的观察、概括、取舍，创造了不同的表现方法。这个表现不同山石、峰峦对象的特殊方法就叫作皴法。山石、峰峦是构成山水画的一个主要部分，也可以说，很少有一幅山水画没有山石，没有皴法。

"山高水长"是山水画中常画的题材。要画山高，往往要画出山腰与山脚的云气、岚气；要画水长，就要画瀑布、山泉、溪水以及江河等，这也是山水画的一个组成部分。山是有体积、有重量感的，是静止的，给人以稳重感，而云水在山峦中穿插变化，表现出大自然的流动感，给山水画面以动势的生气。所以，云与水是山水画中一个重要表现元素，我们必须学好。云的画法有多种，主要有用墨皴渲染的方法，由淡入深，多次渲染，染出云的不同厚度变化，这样同时衬出山的厚度与层次；还有从山顶向山腰以下渐渐虚出的办法。画云海时要注意云气之间的空白、空间的留存与云的流逝，这样才能画出白云的气势与流动感。还有用线勾出云来，带一些装饰效果。水有多种不同的表现形式，如瀑布、泉水自高山悬流而下。画溪水时，要注意流水中积石的大小、水的流向、疏密空白的变化。江河流水的画法也有一定的规律，画水纹时，用笔要用中锋，转折要流畅。熟练后，方能生动。也有仅画岸边景物倒影，反映出水的平静、清澈。

4. 家学深远　文脉流长

家学深远，文脉流长，是春生先生在艺术领域长驱直入的十分有利的文化生态环境。

我曾为《走近国学大师——苏渊雷文萃》写过前言"学者之诗，勇士之史"，其中写道：从《走近国学大师——苏渊雷文萃》中我们可以充分领略苏渊雷先生的品格、学识与才情，系统学习苏先生的人文精神和学术人生，进一步认识"学者之诗，勇士之史"，增添对苏先生的崇仰和敬意。苏先生用毕生的精力追求真理，担当使命，求索学问，建树新论，以惊人的才情涉足文史哲，驾驭诗书画，教书育人治学兼容，人格心态坦诚并举，可谓博洽精深，思维敏捷，悟性独立，宠辱不惊，清气平和，幽怀若水，平易近人，豁达乐观。苏渊雷先生的传奇人生是"学者之诗，勇士之史"，他的书画创作是"文学、史学、哲学、佛学四学皆通，诗、书、画、联四艺俱绝"的综合性文化表达，他的书画作品的淡泊疏清、爽利劲击是"名士风度、哲人风采、诗翁风骨"的美学演绎，他的笔墨情趣中有"究天人之际，通古今之变"的生命吟咏，他的《文化综合论》《读史举要》和凝聚人生哲理的诗句在水墨巧变中都有创新思维的辐射与辐集。作为"当代通儒，一代宗师"，苏渊雷先生的书画具有浓烈的文人气质和人文品格，对应"精微融贯，通才达识"，行云流水，潇洒豁达，书画之风诗情浩然、清逸弥漫、简朴精约、神韵荡漾，是其智慧人生的笔墨智慧，他以一生进击、一生勤勉、一生超然、一生诗境舒展了充满文化创造活力的智者一生。

苏渊雷先生几乎用全部生命揭示着文化的深层奥秘，用人生的智慧展示了中华民族不屈的文化尊严，以学术的创造凸显着"民族的灵魂"，以"仁者爱人"的博大胸怀包容着"礼仪之道"和"君子之道"。他有自己的人生追寻，为了真理可以一生奔走，无怨无悔。他有自己的人格理想，为了修炼可以甘愿清贫，耐得寂寞。他有自己的学术结构，为了求索可以读万卷书，行万里路。他有自己的生命意识，为了进击可以历经磨难，执着不懈。

近年来，我曾有机会论及"海上二苏"的家学深远、文脉流畅：绵延家学喜笔墨，取法传统出新意。春生先生自幼受其父渊雷先生熏习教诲，师承前辈画家。他常常念及儿时情景："我从小喜爱绘画，父亲的许多书画朋友如江寒汀、唐云、钱瘦铁、陆俨少、谢稚柳、张大壮、吴青霞等，经常在家中相聚，挥毫作画，诗酒流连，我常在旁边磨墨理纸，有空也学着临摹，父亲很高兴，鼓励我向父辈学习，要勤学苦练。"其父出身贫寒，激励春生先生一生磨砺艺术锐气；其父一生勤学，自生"身体力行"之效；其父心胸宽厚，使春生先生从小立志"胸藏千山万壑"；其父待人和善，使春生先生一路善待亲友、师生和同事，以至于在笔墨之中也显露亲情之气，"和谐方略"。

春生先生1959年考入浙江美术学院中国画系，师从中国画大师潘天寿、陆俨少、方增先等教授。他专攻山水，兼学书法、画论等。曾任华东师范大学艺术教育系主任、上海市艺术教育委员会委员等。他擅长山水画，画面深峭、婉转、高远、宏阔，温润秀美，空灵奇迈。祖国山水的"烟霞彩云、奇松灵石、静岚响泉"养育了他的艺术修养、水墨品味，绘画践行与画论研究并重，执着追求，成就瞩目。赏读苏氏父子绘画作品，感慨万千，颇有启迪。在这些作品中可读出艺术践行理应敬畏历史，感恩自然。亦可读出艺术胆略出于文化自觉，书画风骨来自文化自信。我们还可读出父子书画见证家学渊源，苏氏笔墨反映国学功底。

春生先生在《清明时节的思念》一文中深情地回忆："记得儿时的颠沛流浪途中，父亲一手抱我，一手执笔，依一盏小油灯在昏黄的光线下，吟诗反复推敲，直到深更半夜，吵醒家人。他那浓重的温州乡音吟咏，成了我幼年入梦的童谣。"

陈燮君

2021年盛夏

（本文作者为上海博物馆原馆长）

前 言

今年春节前,我和往年一样前去探望苏春生兄长,祝贺新春佳节,顺奉上一本去年底出版的《不忘初心,让作品说话——王宏喜评传》请其雅教,谈天说地,其乐融融,溢于言表。

其间,一个在心中存有多年的想法在脑海中浮现,写一本《妙手丹青,桃李天下——苏春生评传》,与多年前编写的《走近国学大师——苏渊雷文萃》《走近国学大师——苏渊雷评传》一起,完成"海上二苏"诗心文胆、丹青流芳尽收笔底的愿望。在欢声笑语中,想法与期待不谋而合,我与苏春生彼此喜形于色,春风满面。

20世纪80年代初期,我在向著名文史哲大家苏渊雷先生求学时与苏春生相识,他是苏渊雷先生哲嗣。苏春生为华东师范大学艺术教育系教授,饱学之士,他谈笑自如,平易近人,其山水画创作巧夺天工,卓尔不群。

我与苏春生交往近40年,很投缘,如兄如弟。我记得20世纪80年代初期,第一次去其家,他家在苏渊雷先生家后几排的华东师范大学的住宅楼三楼,一进门他给我的感觉是儒雅的学者风范,又欣赏了他的山水画,特别是青绿山水画,崇古出新,效法、追寻先贤之精神、之气质,清新隽雅风韵独具。他还热情地请其友人青年书画篆刻家吴承斌先生为我刻一枚章,我十分欣喜。日月如梭,近40年来,我总喜欢用这章盖在我收藏及购买的书上。后随着相识、相知,经常看他作画,笔墨落处,山随云气飞动,松以山势呈奇,一支寸长笔毫,竟能在片刻间挥洒出如许奇峰异石,烟水云林,笔势连绵,神韵俊飞,体现了一为"气韵生动"、二为"骨法用笔"的山水画的奥秘。我当时在想,别看他作一幅画有时只不过一两小时,有时也只一两天,但却是他几十年艰苦磨砺的结果。言谈之中,我也了解了他那时已十余次登临黄山,以黄山为师、为友,四赴桂林,此外,雁荡山、庐山、泰山、三峡、武夷山、天目山等祖国大美山河胜景都留下他的足迹,他积累了数以千计的写生创作画稿,遵循着其恩师陆俨少对他的教诲并一一践行。所以,苏春生的画"得心应手",处处渗透着他对自然美的感受、激情和意趣。他在画中创作出比自然景色风貌特征、烟云变化动态更富情韵的作品,令人进入一种难以言说的美妙境界。

苏春生至今已 39 次登上黄山,可谓画界壮举,创作的黄山系列组画,出神入化,都是"外师造化,中得心源"的精品力作,在艺术探索、攀登中更上一层楼,获得可喜的成就,被誉为"苏氏黄山画风",名重艺林。

苏春生曾长期执教于华东师范大学艺术教育系,并任系主任,培育桃李,诲人不倦,独占鳌头,著述丰富,有《苏春生画黄山》教学光盘与技法教材和《中国画山水技法教程》《黄山写生要法》《全国普通高校美术基础教材——中国画》及参与主编《苏渊雷全集》等。

我在写《妙手丹青,桃李天下——苏春生评传》时也因学识浅薄,停滞过手中的笔。我对记叙人物画画家熟悉些,因人物画有历史人文背景记载,更容易展开些,还可用上些年轻时向苏老求学时学到的知识点。山水画则不同,如何从重要切入口

苏春生 《水墨黄山图卷》(局部)

写出一位优秀的山水画家成长、成熟、取得艺术成就的过程，我文思阻塞。我打电话请教了一位熟悉的教授、学者，他在电话中对我启发道："一个杰出的山水画家，应该是走进大自然，以大自然为师，是大自然的熏陶成就了他。"我豁然开悟、茅塞顿开。是啊！一个山水画家不走进大自然怎能画出如此绚丽清雅的山水画，何况苏春生39次登临黄山，还遍游祖国的名山胜景，探奇撷秀，更可贵的是苏春生对祖国大地山河的热爱，他把表现自然的优美景色和人类热爱自然的感情，看作是画家神圣的职责。春天多播一粒种，秋天多收百粒果；一切都不是偶然的，也不是徒然的。宏观的文化视野、丰富的艺术修养和学术积淀，加上独特的生活感悟，一旦转化为艺术形象和笔墨语言，往往会迸发出常人难以企及的艺术之光。古代和近现代画史上，顾恺之、王希孟、董源、范宽、米芾、黄公望、沈周、石涛、张大千、潘天寿、陆俨少等就是杰出代表。苏春生正是当今中国山水画创作领域中的翘楚。

我重新调整篇目，振作精神，根据篇目依次写来，力求将苏春生"搜尽奇峰师前贤，格古韵新笔传神"这一路走来的艺术轨迹写得全面，将史料历程记录下来。

今日苏春生的绘画艺术上正日臻炉火纯青，不难想见，他在卓成大家的艺术高山上，一定会跃上一个新的巅峰！

文化需要承继和发扬，文化名人是承继和发扬文化的开路先锋，他们在文化发

2015年,本书作者傅明伟与苏春生在其画室"雪堂"

展的历史长河中像群星一样闪耀,使文化得以健康地发展,为文化的繁荣做出了贡献。苏春生就是这样一位对文化繁荣、对中国山水画的向前发展做出贡献的山水画大家。他正在画坛的"未竟之旅"中跋涉前行。诗人说:凡是到达了的地方,都属于昨天。而苏春生在"明天"必将取得愈来愈大的艺术成就。

纵观苏春生的山水画作品,观者自有评价,不需要,也断断没有我这样的外行置喙的余地。在写作本书之际,只好斗胆,选了他一些作品作简要介绍,感受他作品中所传递着的中华优秀传统文化、人文精神气质,以及审美和收藏价值。

本书内容架构如下:

第一部分:与大自然相伴的童年。这位从小与大自然相伴的孩子,从山城走出来,走进祖国的万水千山,走进黄山,用一支画笔尽情地讴歌大自然。苏春生寸长笔毫如此奥妙,与他童年相伴的巴蜀山水这位启蒙老师密不可分。

第二部分:书香门第,慈父严教。苏春生感恩父亲:父亲的发蒙解惑,循循善诱,如坐春风,使他理解了学习的目的是为了丰富知识,培养品德,提高修养,使自己的人格更高尚、更完美,要以知识、品德、人格去报国的道理。父亲影响了他一生爱读书,崇尚读书,做一个对祖国有用的人的信念。

第三部分：聪慧好学，立志艺术。苏春生知道：一个不读书的人是没有根的，对人类文化传统一无所知则本质上是贫乏和空虚的。书籍中描绘了多姿多彩的自然景观与波澜壮阔的历史画面，弥补了时间和空间的局限。人类历史在不断发展，书画艺术创作也日新月异地发生着变化。我们既要留住自己民族优秀文化的根，也要借鉴、吸收一切外来优秀文化为我们所用，要不断地学习，用新的知识充实自己。

第四部分：名师与高徒。苏春生感恩老师，师恩难忘。即便连老师的模样都已些许模糊，但那些与老师共处的岁月会一直在他的记忆里，永不老去。那些名满士林的先生们，在传道、授业、解惑的各个层面扮演着各有风采的师长角色，叠印在他岁月的底板上，深刻地影响了他日后的艺术创作之道。

第五部分：大自然的熏陶。苏春生拜大自然为师，又以等身的著作和画卷回报恩师。人们常期盼自己一生能有贵人相助，苏春生一生中多遇贵人，其中贵人之一即大自然。

第六部分：情投意合，相敬如宾。苏春生感悟到：生命的美，要靠自己来感受；生活的美，需要自己去制造。夫妻间需互相体贴、照顾，一切都得从一个爱字里流出。

第七部分：仁爱之心。苏春生重祖国情、亲情、师长情、爱情、朋友情、学生情，对世界充满爱，对人生充满情。

第八部分：授业解惑，桃李天下。苏春生几十年从事教育工作，诲人不倦，硕果累累，是名副其实的"桃李满天下"。

第九部分：创新使艺术生命常青。苏春生始终以情绘画，所以画面不呆不板，总是生机勃勃，一山一水，一草一木，都有生命，都有活力。苏春生的艺术生命之所以常青，是因为他不断地创新，而他的创新又源于传统，他是中国传统文化的卓越继承者、创新者，是讴歌祖国大好河山的战士。

第十部分：黄山——画家的梦。苏春生39次登临黄山，对真实山川观察、分析、概括，对自然景物的特征、风貌有了深刻的体验。从黄山的自然美到苏春生的黄山艺术美，反映了客观世界的映像与画家主观世界能动作用的辩证关系，以及从自然美到艺术美的创造法则。

第十一部分：桃李不言下自成蹊，让作品说话。苏春生的作品如芳香的桃李，虽然不自评，但观画赏画人却赞叹不已，好评如潮。让作品说话，听他人评议，桃李不言下自成蹊。

第十二部分：生命不息，攀登不止。苏春生不仅给后人留下了中国山水画的精构佳作，也给后人留下深刻的艺术创作的感悟，这两者都是后人的财富。

第十三部分：谈古论今，承继经典。苏春生说："中国画所追求的笔、墨、气、韵、意、趣、神、势、情、境等各种特殊审美范畴应当成为中国画所体现的中华文化精神。"艺术应比真实更高、更集中、更概括。形象要真实与美统一，真实使人信服，艺术性叫人感动，要运用自己的全部修养把自然提高到更美的境界。中国画的意境不仅是情与景的融合，而且也是艺术家的思想、观念、理想和客观景物的融合。

附录部分：苏春生艺术年表和苏春生谈艺录以及苏春生写生和创作构思稿，介绍了苏春生艺术创作的经历、感想和收获。

苏春生以其经历及作品告诉我们，一个人的人生，以创造性的劳动奉献于社会，推动中国书画的传承与发展，是活得有价值的，是能受到人们的尊敬的。

苏春生就是一位这样的人，他是一位创造者、劳动者、仁者、智者，他是一位对祖国充满情感的爱国者。

走近苏春生，可以感悟读书、探索、创新的重要意义；可以聆听画理的演绎，看到他不忘初心，追求艺术，攀登高峰。纵观苏春生的艺术足迹，硕果累累，美不胜收。阅读《妙手丹青，桃李天下——苏春生评传》，从自然美到艺术美，丹青山水的师法造化引发人与自然的深情对话，可以步入中国山水画艺术的宽广天地，启发对承继中华传统优秀文化和艺术创新的思考，可使读者诸君获益匪浅。

2021年仲秋

一

与大自然相伴的童年

  自然像一条无比绚烂的彩虹,自然像一支悠扬委婉的乐曲。徜徉其中,山绿如碧,水清如镜,不管生活是酸、是甜、是苦还是咸,看一看水墨画似的远山,雾围云绕的高山,青翠的丘陵,纵横奔驰的江河,你会感受到大自然无穷的魅力,生活便充满了情趣,希望。

  希望和理想、目标息息相关。有理想,就有为之奋斗的目标,目标给人带来人生的希望,希望滋生了人的活力。

> 苏春生生于山城,与山特有缘分,他爱山、摹山、写山、画山,与山心心相印。为了"搜尽奇峰打草稿",妙得奇境,数十年来,曾39次登临黄山,并赴国内崇山峻岭及日本、美国、加拿大等国采风写生,先后在国内外举办数十次个人书画展,在春华秋实的艺术探索道路上一步步走来……
>
> 苏春生画的黄山清奇飘逸、润秀俊美,意丰境逸,别有山色,将诗情画意融入黄山胜境,营造了一个独特的艺术世界,使观者如在奇峰、云海间漫游,进入美妙之境界。其风格被誉为"苏氏黄山画风",名重艺林。

重庆为我国西南重镇,地处长江与嘉陵江汇合口,东出三峡,西指成都,南去滇黔,北到汉中,水陆交通方便,为四川之门户。

抗日战争的全面爆发,1937年国民政府决定迁都重庆,1940年,正式将重庆定为陪都。在这过程中,随着党政机关、文化机构、教育院校的不断迁入,重庆也成为中国抗战时期政治、文化、军事、经济的中心。

1937年南京撤退前夕,苏春生的父亲苏渊雷先生在南京接编沈钧儒为社长的《抗敌周报》,撰写抗日檄文,唤起民众抗日信心,直至最后一期。南京沦陷前,苏渊雷先生携眷为躲避日寇的铁蹄,出南京,经武汉,辗转山峦丛林来到了重庆。次年(1939年)1月28日,也是"淞沪抗战"之后的第二个年头,苏春生在山城重庆出生了。所以,苏春生晚年时回忆起童年,曾幽默地戏称自己是一个"抗战的产儿"。苏春生诞生在山城,从此与山更有缘。

当时的四川,在国民政府的控制下,工业具有一定基础,再加上四川物产丰富，人们勤劳，可以为抗战提供大量的人力、物力、财力，所以重庆就此成为"战时首都"。

重庆这座城市，自然成了日寇的"眼中钉"。日寇妄图摧毁中国抗战之决心，在无法进行地面进攻的情况下，从1938年春到1944年冬，对重庆进行长达6年多的狂轰滥炸，史称"重庆大轰炸"。其轰炸地域之广，轰炸次数之频繁，国人死亡之惨重，罄竹难书。在如此沉重的灾难下，重庆民众以绝不向侵略者低头，绝不向苦难低头的坚毅抗战决心，展示了中华民族不畏强暴、坚强不屈的精神。

童年时期，苏春生和父母及兄妹住在重庆。彼时抗战正酣，在物资极度匮乏的战时情况下，他不知不觉地长到了6岁。儿时的苏春生断断续续读了近两年书，母亲不辞辛劳地送他去上课、下课接他回家的情景，他至今仍记忆犹新，感恩不已。苏春生在谈到童年生活印象深刻的事情之一时说：犹记儿时经常为躲避日机轰炸，父母手牵着我的手，慌乱、紧张地去防空洞的情景。国难使苏春生很早就成熟了，他早早就立下了长大报国的志向。但是，以什么报国呢？

苏春生天生热爱自然，趁着防空警报解除的空隙，有时独自一人爬周围的山坡，看滚滚东去的江水，开心地在大自然中玩，和山山水水玩，观察色彩缤纷的山水天地、风光美景。自幼雄奇巴山蜀水的哺育，使他在还没接触到绘画时就对大自然美有了朦胧的喜爱，倘若要一路追溯的话，这该是苏春生山水画世界的源头。大自然是苏春生学绘画的启蒙老师。

苏春生从山城边走来，山、水给了他造型能力、审美情趣，之后他又走向黄山的群峰之间，有了生活的底气和对于自然的深刻认识。

苏春生将山、树与云糅合在一起，画中意丰境逸，将对祖国大美河山的挚爱一同融入弥漫时代气息的黄山系列组画之中。他选择了以描绘祖国山川、歌颂祖国为事业发展方向，以此报国。

苏春生钟爱黄山，熟悉黄山，更熟悉黄山的四季变化。他承继优良传统，躬行践履，数十年来，走遍了黄山各处景点，观察云海的变化奇观，画稿在他写生中逐渐形成，成熟后他把长期积累的对祖国大好河山的深深眷恋，对人文历史的好学不倦，日就月将，以一种饱满的热情创作出黄山系列组画。其中《光明霁色》把他送到黄山光明顶，他又画《黄山云涛》《坐看云起时》《千峰迎晓日》《石猴观海》，再画《黄山揽胜图》等，以他特有的笔墨手法在宣纸上呈现出来，走进黄山的神韵，走进山与人之间，走进充满浪漫主义的色彩，画出了黄山峰峦的雄伟壮丽、黄山松树的奇特苍劲和黄海烟云的空蒙气韵。画中山涧，烟云供养，清泉直下，瀑布三千，以特有的"苏式黄山画风"展现出宋元山水遗韵和现代山水清音的文人画卷，令人进入一种难以言说的美妙境界，陶然沉醉。

进入 21 世纪，新时代激情、火热的生活是充满绚丽七彩的。苏春生采取热烈态度投身其中，并以出自内心对伟大祖国大美河山的真挚情感去创作，从而他的山水画具有崇古出新的强烈时代气息。《三十六峰生白云》《奇松迎客》《黄山烟云图》《雨后黄山铁铸成》等作品中，山有气骨水有情，无不在画家的笔下倾吐着对祖国大美山河、对人民的挚爱之情。

中国历史文化发展过程中，贯穿着勤奋自励的精神，这使得中国文化虽历尽沧桑，饱经磨难，却一直承传不绝，日渐辉煌。"业精于勤"是唐代著名文学家韩愈《进学解》中的名言，意为学业上的精深造诣，全在于勤奋。勤奋，是获取知识、成就事业之关键，亦是一个人获得成功之桥梁。

苏春生酷爱读书，并把读书和思考结合起来，认为只有把学到的东西加以思考，才能使之成为自己头脑里"会发酵"的知识，才能做到像叶圣陶先生说的"活读运心智，不为书奴仆，泥沙悉淘汰，所取为珠玉"。他信奉先贤孔子"学而不思则罔，思而不学则殆"，在浩瀚的书海中学会提纯拔萃、弃莠存良，做到"博学之，审问之，慎思之，明辨之，笃行之"。可以说，苏春生日后成为中国山水画大家，与其早年好学深思、吸收优秀传统文化精华并实践探索、砥砺前行是分不开的。

不忘初心，方得始终。在中国传统儒家文化里，初心即本心，是一个人最为真诚、质朴的愿望所在，发乎自然，没有杂念。人生中，最难得是能够尽力摒除干扰，保持最本真的愿望前行，唯有这样，才能有始有终地完成自己的梦想。只有不迷失和忘记这份初心，砥砺奋进，坚持到底，梦想才能够实现。

苏春生为祖国大地上的勃勃生机所陶醉，所感染，不由得将传统画笔染上时代墨色，迸发出令人惊叹的创作火花。他礼赞山河锦绣，情咏大美中华；他歌颂国泰民安，其情或温情脉脉，或激情勃发，呈现出时代精神与艺术创新的完美结合。

苏春生的山水画作品在上海、江苏、辽宁，以及郑州、温州、杭州、桂林、黄山等地被美术馆和博物馆收藏外，还数次赴美国、意大利、加拿大等国举办展览，特别是数十次赴日本展出交流，受到日本参观者赞誉。

华东师范大学教授施亚西先生谈到苏春生的山水画时说：

那支笔竟然如此听话，如此得心应手。可是，难就难在得"心"应手呵！他之所以能"得心"，是因为心中有万千丘壑，这些丘壑并不是自然的录像，而是融入了他自己审美感情的意象，是被融化于他内心世界的自然美。之所以能"应手"，是由于他熟练地掌握了丰富的笔墨技巧，从学习传统技法入手，不断师法造化，获得了丰富生动的表现力。

此言一语道破，确切也。

观苏春生作山水画，总感非常神奇，看他笔墨落处，山随云气飞动，松以山势呈奇，一支寸长笔毫，竟能在片刻间挥洒出如许奇峰异石，烟水云林，笔势连绵，神韵俊飞，气象万千，尺幅千里。

他笔下的山川，既具各地的风光特色，又有他的个性特点。黄山的峻秀、泰山的雄伟、三峡的壮丽、西湖的旖旎、富春的清幽、桂林的奇秀……莫不各具其天然特色而又显示出画家清新隽雅、郁茂苍茫的个性风格。其落笔挥洒自如的那般气势，行云流水的那种神韵，实在是一种美的享受。

这位从小与大自然相伴的孩子，从山城走出来，走进祖国的万水千山，走进黄山，用一支画笔报国，尽情地讴歌大自然。

二

书香门第，慈父严教

知识是人生旅途中不可缺少的资本和食粮。

非学无以广才，非志无以成学。立志是学习之始，学习是成才的基础。学习知识，就好像登梯子一般，踏上一级，视野就更加广阔。

二、书香门第，慈父严教

苏春生家学渊源，自小深受其被称为"通人"的父亲苏渊雷先生的影响，苏渊雷先生"诗书画三绝兼擅，文史哲一以贯之"，"究天人之际、通古今之变"，苏春生"近水楼台先得月"，得天独厚，耳濡目染，浸淫其中。

苏春生在回忆童年时说：

我的童年是在抗战时期重庆度过的，在父亲的爱护、指导、培养下，我开始捧起书本，学习中华优秀传统文化，读的第一本书是《论语》，实在难懂，我只能翻翻放下，没事的时候再去翻翻。父亲着重教我做人的道理，并注重背诵，还教我背唐诗。我从小经常听父亲激情地吟诵诗词。后来随着渐渐长大，在父亲的引导下，渐渐懂得了吟诵是学习中国古典诗词重要的入门途径。用吟诵的方法读诗，诗中兴发感动的力量才能更好地释放出来。也发现我的知识结构和父亲的书架关系密切。《成语历史故事》《唐诗选》《杜诗选注》等，父亲书架里的书吸引了我。父亲用中华传统教育的方式，来启发教育感化我，在中华优秀传统文化的熏陶下，在学习过程中，虽一时难以理解，但已经一点一滴地学到了不少国学知识，我的头脑渐渐充实了。在以后的成长过程中，父亲时常对我说：唯有在认真读书、品味经典中才能提炼中华文化的理念、志趣、气质和神韵，在读而躬行中才能读懂人生真谛。父亲希望孩子手边的书是一扇更大的窗，那里有长江长城、黄山黄河……大美河山。正如荀子在《劝学》中所言："君子之学也，以美其身。"父亲的发蒙解惑，循循善诱，如坐春风，使我理解了学习的目的，是为了丰富知识，提高品德修养，使自己的人格更高尚、更完美，要以知识、品德、人格去报国。父亲培养了我一生爱读书,崇尚读书,做一个对祖国有用的人的信念。

苏春生感到一旦养成了读书习惯,长期勤学不辍,日积月累,知识就会丰富起来,从而饱尝到读书的甜头;甜头一大,读书就会成为一种高尚的嗜好,生存的必需,这时乐趣就更大了。

苏春生读过陆游曾作的诗《示儿》:

读书习气扫未尽,灯前简牍纷朱黄。
吾儿从旁论治乱,每使老子喜欲狂。
不须饮酒径自醉,取书相和声琅琅。

这种父子相伴的读书之乐,读来多么令人神往!不也正是苏春生在父亲的相

1951年,居住上海长乐路时,在小花园中拍全家福

二、书香门第，慈父严教　033

1994年，祖孙三代摄于"钵水斋"，苏春生和儿子苏毅看苏渊雷先生挥毫题词

伴下"取书相和声琅琅"的读书情景吗？其幼时读书时，父亲不也和陆游一样"喜欲狂"吗？父爱正是体现在望子成才上。

读书学习是提升素质的起始之基。可见少时阅读真的会在心中种下一颗种子，时机一旦成熟就会生根发芽，苏春生的成长证实了年少时读书是多么重要！

每个人的成长都离不开老师的教诲指导。为此，唐宋八大家之首韩愈曾在《师说》中谓："师者，所以传业授道解惑也。"而拥有名师，那是人生之大幸。在苏春生的人生行旅及学艺之途中，他首遇的名师便是他的"学富五车，艺擅众美"的父亲苏渊雷。苏春生时常谈及父亲对他一生的影响：父亲对我的指迷开论，从历代名诗、名词、散文精彩段落到历史人文故事等，都循序渐进地耐心讲解。我中学学习美术时父亲讲解经典绘画理论、名画作品要点欣赏、构图启发等都言之凿凿，至今还言犹在我耳，难以忘怀。

读书"必须如蜜蜂一样，采过许多花，这才能酿出蜜来。倘若叮在一处，所得就非常有限，枯燥了"。读书无嗜好，就不能尽其多，不先泛览群书，则会无所适从或失之偏好。广然后深，博然后专。鲁迅的话，苏春生牢记在心，先求广读，再求专深。

典籍是文化传承的载体，蕴藏其中的家国情怀和奋斗激情，给人思想启迪和精神动力，通过一本书，在时间上思接千载，在空间上视通万里。这其实揭示出读书的另一层意义，即可超越一个人的现实处境。书本虽小，但就像一个时空容器，"黄鸟于飞，集于灌木"的美丽意象、"金戈铁马，气吞万里如虎"的宏大场景，"究天人之际，通古今之变"的深沉思考……古今中外都可尽收其中。人们翻开书籍，就如同打开了一个辽阔的精神境界。李泽厚的《美的历程》，田自秉的《中国工艺美术史》，张夫也的《外国工艺美术史》，贡布里希的《文艺复兴》《艺术的故事》，瓦萨利的《名人传》，沃尔夫林的《艺术风格学》，列夫·托尔斯泰的《艺术论》，还有罗丹的《罗丹艺术论》等著作，都是艺术类、美术类的经典。苏春生一次又一次地翻阅这些经典书籍，学在其中，乐在其中，对许多经典词句，他都可做到耳熟能详。

读书为乐，开卷有益。古人十分重视强调读书的重要性和必要性，唐代大诗人杜甫说："读书破万卷，下笔如有神。"北宋著名文学家、书画家苏轼说："忠厚传家久，诗书继世长"，"粗缯大布裹生涯，腹有诗书气自华"。北宋政治家、文学家欧阳修说："立身以立学为先，立学以读书为本。"北宋著名文学家、书法家、江西诗派开山之祖黄庭坚说："三日不读书，便觉言语乏味，面目可憎。"

苏春生感叹道："读书，使人胸襟开阔，豁达晓畅；读书，使人目光远大，志存高远；读书，使人增长见识，谈吐不凡；读书，使人心旷神怡，如沐春风。"

三

聪慧好学,立志艺术

志向是我们成熟生命的内核,是孕育我们人生成功之果的种子!种瓜得瓜,种豆得豆,种下志向,得到成功。

知识的积累是一步一步的,而不是一跳一跳的。学问的根基是见识、经历、研究。见识多、经历多和研究多,是做学问的三大柱石。

感情的培养是做学问重要的一步。

没有真实的兴趣，很难成为好的书画家。有兴趣，才有可能追求；有追求，才有可能成功，事业常常来自兴趣和热情。

1952年，苏春生毕业于上海世界小学。自幼受父亲、著名文史哲大家苏渊雷的熏陶和教诲，因此，近水楼台先得月，艺术启蒙比旁人早了一步。父亲的书画挚友常来家中相聚，江寒汀、唐云、钱瘦铁、陆俨少、谢稚柳、张大壮、吴青霞等皆是座上客。江寒汀传世作品有《百卉册》《百鸟图》等，1960年应周恩来总理邀请为人民大会堂绘制巨幅《红梅图》，他对双勾填彩、没骨写生，均所擅长。唐云性格豪爽，志趣高远，艺术造诣极高，擅长花鸟、山水、人物，诗、书、画皆至妙境。钱瘦铁是中国画会创始人之一，擅长中国画及书法、篆刻，曾被誉为"江南三铁"之一（吴昌硕——苦铁，王冠山——冰铁）。谢稚柳擅长书画及古书画的鉴定，初与中国书画鉴定集大成者张珩齐名，也有"北张南谢"之说，后与徐邦达、启功三人齐名。张大壮所作妍丽清润，秀美动人。吴青霞深得宋、元、明、清各派名家绘画精髓，擅长人物、山水、花鸟、走兽，均挥洒自如，栩栩如生。陆俨少将于后文有介绍。这些人相聚如群星灿烂，他们或挥毫作画、或诗酒流连、或谈艺论文。苏春生常嬉戏其间，耳闻目睹，书画艺术的种子悄悄地撒播在他稚嫩的心田，孕育了他"胸藏千山万壑"的浩大胸襟与艺术志向。父亲因势利导，赞成和鼓励他拜唐云和钱瘦铁先生为师。

苏春生在晚年回忆起少年时最为开心的一件事时说："1952年4月，家中园内三株铁干海棠花怒放，似一片红云，父亲邀请知友来雅集观花，吟诗作画。钱瘦

1952年，苏春生（第一排居中）毕业于上海世界小学，与同学一起拍摄毕业照留念

铁首先开笔，先画钵水斋的瓦房与屋前的大石钵；接着唐云先生完成四周的景色，屋前的小山和远处的围墙、杂树；吴青霞女史接着画点景人物。后面好几位画家接笔完善画面，黄葆戉最后补上近景一株龙爪槐树才算完成。黄葆戉又用隶书题画名'钵水斋看花图'，接着，冒广生、江庸、张厚载、汪东、路朝銮、陈文无、朱大可等和诗，最后，父亲自己作了三首诗以记盛况。"

苏春生记得，当时他13岁，守在一旁倒茶、换水，兴奋极了。虽然已时隔近70年，赏心乐事，当时的盛况依然历历在目。那幅画裱好之后一直挂在钵水斋中，成为镇斋之宝。

苏春生怀着感恩的心情又说："唐云先生经常到我家来，我父亲如不在，他就叫我拿纸头来画，画好了问给谁，我说给我，他就写我名字送我。我眉开眼笑，春风得意。"苏春生收藏有两幅唐云早年相赠的花鸟画作品，其中一幅就是苏春生考大学时取法学习的花鸟画。苏春生幽默而开心地接着说道："我考进浙江美术学院读书，带了十几张唐云先生的画，同学借了我收藏的唐云先生画去临摹都没有还，我也不向同学要。"

一个人的成长与环境有很大的关系。《三字经》中有"昔孟母，择邻处。子不学，断机杼"，说的是孟子的母亲教子成才的故事。孟子的家附近有一片墓地，孟子和同伴们玩耍时就仿学祭祀，"嬉戏为墓间之事，踊跃筑埋"。孟母认为这种环境不利于孩子成长，于是搬了家，迁到一个集市的附近。孟子在这种环境下，又学人家做买卖玩，"嬉戏为贾市"。孟母认为这里商贾气太重，也不是好居处，再次搬家，迁于学堂之旁。这里进进出出的都是好学之士，朗朗读书声充耳不绝。在环境潜移默化的熏陶下，小小的孟子朝夕学习揖让之礼、进退周旋之节。孟母认为这里才是适当的环境，是学习的好地方，最后定居于此。孟母三迁的故事说明环境育人的作用重大。

苏春生的成长，成熟，终成大家，究其原因很多，环境也是原因之一。苏春生成长过程中所处的有利环境，一是家族环境，父亲作为苏春生第一任老师，言传身教，家庭环境感染了苏春生。二是学术环境，父亲的朋友们都是仁者贤人，会做人做事，苏春生耳濡目染，父亲朋友们的言行如春风化雨，润物虽无声，但滋润着小小的"禾苗"——少年苏春生。

《钵水斋看花图》

苏春生初中就读于南洋模范中学。中学时代他积极参加学校美术组活动，创作国画作品，受到学校老师、同学们的好评。

苏春生深情地回忆起，从小学开始，他与同班同学、画友朱宏祖，志同道合，经常一起作画交流，曾在现代画室学习素描，为立志艺术、实现理想打下基础，其乐融融。他们还一同去参观各类艺术展览，当场写生记录，尽管年龄不大，为节省车费，经常一同从长乐路步行近1小时到福州路书店购买画册，一直持续到中学毕业。苏春生感今怀昔，眼中闪着泪花说道："1959年，我报考浙江美术学院的招生简章，也是他帮我索取，送到我家的，并动员我积极报考。我与他的同

1954年，苏春生拍照于家中"钵水斋"内

学之情、画友之谊一直不能忘怀。他聪慧好学，很有艺术天赋，画得一手好画，可惜英年早逝，如不是生命无常，现今书画家里一定有他的名字。"

1959年，苏春生从上海五十四中学高中毕业，求学期间，绘画得张大千弟子伏文彦老师指教。伏文彦，1946年师事张大千，拜入大风堂之门。其擅山水，青绿、水墨俱佳，所作画面貌多端，时生新意；亦写兰、竹，秀雅洒脱。在学校的美术作品比赛中，苏春生的绘画艺术崭露头角。苏春生在回忆少时立下学习绘画艺术的初衷时说："早年在学校念书时，就已经确立了学习国画的志愿，因为不仅得到了父亲挚友书画名家的耳提面命，发蒙解惑，还在校遇到了伏文彦等几位好老师，他们讲课循循善诱，引人入胜，听他们的课，如沐春风。"此外，老师还鼓励他课余到校图书馆读书，扩大知识面，星期天他几乎是天天去，上午、下午坐在里面看书，读了《国画技法》《芥子园画谱》等书，心里十分敬佩这些书画家。当然，这些书中的大多数内容，少年苏春生只能看懂一些，但这恰恰激发了他对书画艺术的学习和钻研兴趣。他接着又说："看到山水画的书，我更添动力，这几本有关山水画先贤的论著及画作带我走进了山水画创作的世界，使我大开眼界，令我找到了追求的目标。如果没有这所图书馆，我真不知道怎么能打开那真正是无尽宝藏的知识宝库的大门……"

苏春生认为，即使培养了读书的兴趣，也不是说，读书就可以毫不费气力，不需下功夫了。有些重要的书，特别是含义深刻的经典著作，不花费气力是不易领会的；有时碰到难点，往往要花费较长时间的思考和研究，才能弄懂弄通。

孔子是我国历史上卓越的先贤，他的治学精神是极其认真严肃的。有部古书典籍叫《易经》，内容深奥难懂，孔子晚年读这部书时，一遍读不懂，就读第二遍、第三遍，边读边想，悉心钻研。由于读的遍数多，把串在竹木简上的牛皮带子都给磨断了多次，最后才读通《易经》。后人用"韦编三绝"这个成语，来赞扬孔子刻苦钻研学问的精神。孔子的治学精神也一直鼓励着苏春生。

苏春生为学绘画艺术，满足求知的愿望，陶醉在书海中的欣喜至今难忘。读那么多的书需要不少时间，这些时间从哪里来——"挤"！珍惜光阴要善于抓"今"。伟大的莎士比亚说过，在时间的大钟上，只有两个字——现在。挤出的时间是宝贵的，在挤出来的一点时间里读书，细细地品味，是幸福的。

前辈读书人说过：在纸页的翻动中，在掩卷的冥想里，读书正在改变着一个人的知识点、修养与心中要想

1957年，苏春生与同学摄于上海五十四中学校园

1957年，苏春生与小学同窗好友朱宏祖、陶治合影

达到的理想……

人们都说，老师是学生的人生导师，是引路人，此言不虚。

真正打下坚实基础的还是在苏春生考进浙江美术学院之后。浙江美术学院最早是学界泰斗蔡元培创办的第一所综合国立高等艺术学府——国立艺术院。学院历史悠久，校内教师林立，均为当代名家大师，教学认真，正值当年，年富力强。学院首任院长是林风眠先生。林风眠先生是20世纪中国美术界一代宗师，中国现代美术教育的重要奠基者，被称为中国现代美术先驱，是"中西融合"艺术理想的倡导者、开拓者和最重要的代表人物，其绘画融会中西传统文化于一炉，创造出个人独特画风，蜚声国际艺坛。及后1944年潘天寿先生任院长。潘天寿先生为人温厚笃实，正直勤奋，著作等身，影响甚广，于1928年应邀担任国立艺术院中国画主任教授，兼书画研究会指导教师。潘天寿先生所绘花鸟、山水，格调清高，骨力雄强，独步近代画坛。

浙江美术学院位于美丽的西子湖畔，学院经常请各地专家学者来校讲课，以拓展学生的视野，提升学生的文化素质。在校5年的求学中，苏春生收获满满，为以

1963年，浙江美术学院国画系同学在杭州西湖"柳浪闻莺"合影，右一为苏春生

苏春生浙江美术学院成绩报告单　　　　　　　　1961年4月，苏春生于杭州西山公园

后的艺术创作打下了较扎实的基础。苏春生回忆在学院的求学时说，在他珍藏至今的笔记中，仅1962—1963年间记录下的讲座就有：①上海复旦大学伍蠡甫先生"关于国画的修养问题"；②北京徐邦达先生"古画的鉴别问题"；③南京俞剑华先生"顾恺之三文讲解"；④北京蒋兆和先生"谈中国人物画"；⑤上海钱君匋先生"篆刻讲座"；⑥南京傅抱石先生"中国画讲座"；⑦南京罗叔子先生"中国画讲座"；⑧吴昌硕书画展时潘天寿、诸乐三先生专题介绍；⑨北京潘洁兹先生"工笔人物漫谈"；⑩谢稚柳先生"谈中国画"。此外，院长潘天寿先生也多次来系里开讲座，谈"任伯年的艺术""中国画的构图""自己学画过程的回顾"等，陆俨少先生、俞子才先生也进行多次演讲，这些大师的演讲，使他受益匪浅。在求学期间，苏春生留下了很多的笔记，包括听课的、自学的、随感等，内容十分丰富，涉及绘画、写生、修身、治学及伦理道德等方面的内容。

　　浙江美术学院建在杭州南山路，临近西湖。西湖的美景熏陶了每一位美院的学子。每天能看到西湖，西湖的美在何处？西湖的美符合哪条美学原则？这些美学原则能融于山水画中吗？苏春生脑子里天天在思索。

　　观察有两种形式，一种是被动、盲目地观察，什么都看见了，感到西湖太美

苏春生浙江美术学院毕业文凭

了，观察也就到此为止了；另一种是主动、带着问题观察，观察与思考结合。苏春生的观察属于后者。他思考着：西湖的景点很多，有山、有水、有桥、有阁，但是不乱不杂，这正是中国传统文化的"和而不同"，正是美学原则的"变化统一"。那么画一幅山水画，画的东西很多，也应当做到"变化统一"。

绘画的统一，主要指所绘之景物形、色、质的统一。秩序、比例要和谐协调，从美的形式中选取各种相同的因素，使画达到形态、色调的整体统一，使人感到整齐、简洁、单纯、宁静。但过分统一会导致呆板、单调、乏味，所以，统一中又要有变化。

变化，主要指画中之景物形、色、质的差异。例如，形的差异——大小、方圆、斜直及组合排列的变化；色的差异——色彩的冷暖、明暗差异；质的差异——所表现之物的硬软、虚实、感觉的差异。

受西湖美景的启迪，苏春生的作画做到既统一又变化，统一以不缺乏丰富为准，变化以不破坏整体为佳。

西湖美景不但给苏春生以美的熏陶，也给苏春生提供了丰富的文化熏陶。西湖美好的传说故事，歌颂西湖的绝美古诗词，都给苏春生的文化素养提供了养分。像苏轼的"水光潋滟晴方好，山色空蒙雨亦奇。欲把西湖比西子，淡妆浓抹总相宜"，像杨万里的"毕竟西湖六月中，风光不与四时同。

1964年7月，苏春生与同学吴山明于毕业展前合影

1961年,苏春生与中国画系部分同学合影

接天莲叶无穷碧,映月荷花别样红"等,苏春生都牢记在脑中。苏春生想,既然诗中有画,那么我也应当做到画中有诗。

苏春生能成为这里一名学子,内心是充满感激、自信、骄傲的,5年的大学求知生活,他得益于潘天寿、傅抱石、蒋兆和、陆俨少、俞子才等老师的教诲,受益匪浅。他一点一点懂得,绘画就是创作艺术;艺术,就是创造美。无论画什么,归结到一点上,就是创造美的世界,让人们在审美中获得美的享受、情感的愉悦、境界的升华。苏渊雷先生说:"学贵深造自得。"孔子说:"古之学者为己,今之学者为人。"孟子说:"充实之谓美。充实而有光辉之谓大。"为己即是充实自己,提高自己的精神境界。自己受用,然后才能经世致用。此言确切也!知识是靠积累的,苏春生深感作为一个中国山水画家,必须对中国古典文化有深入了解,也更理解了多位老师为何喜读经典优秀传统文化诗歌及优秀文化经典,以及临摹作品和研究画理对艺术创作的价值。在读了大量的诗歌、人文传记、绘画理论、经典作品后，苏春生的学术素养日益提高，他对山水画创作的思考和理解也逐渐提升，这些长年累月的积累，对他以后构思、创作大幅作品极有帮助。

苏春生在求学期间，既学会了做人，又学会了做事。上大学，当然要刻苦努力，学好每一门基础课、专业基础课、专业课，还要做到理论指导实践，要认真做大型作业、课程设计、实训实习。苏春生在圆满完成学业的同时，还认真做了另外两件事：一是博览群书，不仅读本专业的书，也读哲学的、文学的、历史的、人物的、科学的书；二是看画，看前辈名家的画，看古画，看老师的画，看同学的画，每有画展，他必前往认真观看、揣摩，常常流连忘返。

苏春生喜欢读古代名画家的传记。例如，他看"画圣"吴道子传记，得知吴道子作画，既善精雕细刻、细致描绘的工笔画，又善大刀阔斧、一挥而就的写意画，吴道子作画除了照着对象写生外，还时时留心生活中的人物、山水、花木的特点，默默地记在心中，作画时根据记忆的形象加以剪裁，落笔生花。吴道子画四川嘉陵江的记载对苏春生影响很大。吴道子奉唐明皇之命去四川写生，乘一叶小舟在嘉陵江上漫游，将山峰、流水都默记在心，他没有画稿而是把画画在心里了。吴道子回到长安后，在大同殿上对壁挥笔，三百里嘉陵江的秀丽景色，只用了一天时间便"一挥而就"。苏春生对吴道子的技法十分佩服，觉得中国画就应当像吴道子所画的那样，以意传神。

苏春生读齐白石的传记，尤其对齐白石的创作思想非常感兴趣，齐白石作画苦于不能摆脱前人的窠臼，曾说过"饿死京华，公等勿怜"，决心"删尽摹似一双手"，后来齐白石终于悟出一个诀窍：画贵在似与不似之间。苏春生对这个诀窍理解为，这"似"便是

1962年正月，浙江美术学院山水科苏春生、金光渝、王龄由朱恒有老师带队去浙江绍兴写生

规矩，即求同，这"不似"即出格，即求异。齐白石的"学我者生，似我者死"这句话对青年学子苏春生来说更是醍醐灌顶，振聋发聩。齐白石作画，一扫旧习，独创而不落俗，即使画一茎荷叶，一只雏鸡，都是别有情致独有生趣的。苏春生感悟，正是这个"删尽摹似"，才造就了一代大师。

苏春生通过读传记，对徐悲鸿和刘海粟也有了一定的认识。

苏春生认为，徐悲鸿的画风融贯中西，独辟蹊径，开拓了一种新境界。徐悲鸿画的马英姿勃发，奔放不羁，是彪炳千古的千里马形象，表现了徐悲鸿独有的审美理想。刘海粟没有上过正规的美术学院，一物有一弊，必有一利。没上过正规美院，传统的束缚就少些。刘海粟敢于打破常规，不断创新，他结合中国绘画艺术研究的现实主义、浪漫主义、后期印象主义的色彩、线条和造型方法，大胆变革，不拘成法，成为现代有独特建树的中国画画家。通过读书，徐悲鸿、刘海粟的画风深深刻印在苏春生的脑子里，他明确了自己的努力方向——继承、创新。

苏春生读鲁迅的《华盖集续编》"我本来不大喜欢下地狱，因为不单是满眼只有刀山剑树，看得太单调，苦痛也怕很难当，现在可又有些怕上天堂了。四时皆春，一年到头请你看桃花，你想够多么乏味？即使桃花有车轮般大，也只能在初上去的时候，暂时吃惊，绝不会每天作一首'桃之夭夭'的"大有感触，渐渐树立了独创的艺术创作思想。

除了读书，苏春生就是看画。他看画善分析、品味，把齐白石不同时期的虾画找出来，细细观摩，他领悟到，白石老人画的虾之所以会情致盎然，神采飞动，出神入化，最重要的原因在于白石老人对似与不似之间分寸的把握。

苏春生看齐白石的《蛙声十里出山泉》，得益更多。作家老舍请白石老人以清代诗人查慎行一诗中"蛙声十里出山泉"为题作画。画这幅画当然可以画出山腰处流出的泉水，然后在其中安置几只青蛙，张着大口起劲地鸣叫，这种构思只体现了"山泉"和"蛙声"，但是"十里"和"出"字却体现不出来。齐白石经过几天的构思，运用创造思维，画了一片急流，从长满青苔的乱石中泻出，几只逗人喜爱的小蝌蚪在水流中嬉戏着，顺流而下，整个画面不见一只青蛙，然而观画者仿佛听到了远处隐约传来的蛙声，此处无声更有声，诗中的"十里"和"出"都得到了充分的体现。看这幅画，苏春生下了决心，自己今后的创作必须求异，要记住鲁迅的话："依傍和模仿绝不会产生真艺术"，自己的作品必须是真艺术。

古今画家的轶事，苏春生不把它们当作故事看，而是挖掘故事中的哲理。

一次，苏春生看到宋徽宗的一段故事：

宋徽宗赵佶擅书法，自创"瘦金书"，也写狂草，又擅画，以精工逼真著称，存世书迹、画迹不少。宋徽宗作画观察事物极其细致。一天，宋徽宗到画院去评选画家们作品。他看了半天，没说一句好，直到看到一幅月季图。这幅画是一位少年画家所作，老画家们不服气，便一齐向宋徽宗请教。宋徽宗说，月季花画的人最少，因为这种花每月只开一次，而且一年四季的黄昏、清晨，它的花瓣、花蕊、花叶的形状和颜色都会发生变化，不总是一个样子，很难掌握得准确。这位少年画家画的是春季正午时分盛开的月季花，画得非常准确。众人听了，都叹服宋徽宗的观察力。

一天，宋徽宗正在画院里赏花，忽然飞来一只孔雀停落在果树下。宋徽宗认为这是一幅好的素材，于是让画家们赶紧画下来。画家们画完后交宋徽宗鉴赏，竟无一中意，大家莫名其妙，又向宋徽宗请教。宋徽宗说，孔雀起飞，都是先起脚，再展翅，起脚时一般是先起左脚，而这些画，有的先展翅，有的先起右脚，没有一幅符合实际。

从宋徽宗作画轶事中，苏春生体会到观察是作画的非常重要的方法，而且，注重观察并不等于会观察，观察一定要细致。

宋代的画院故事启发了苏春生作画的巧妙构思：

一次，画院以"踏花归来马蹄香"为题作画，大部分人采用了常规思维：有的画达官显贵，有的画文人仕女，他们均骑马穿梭于花丛之中。只有一幅画采用了求异思维，整个画面上不见一朵花儿，只见一匹骏马扬鬃缓步走来，几只蝴蝶围绕着马蹄飞舞追逐，踏花的马蹄沾有的芳香之气竟然引来了蝴蝶。要把看不见摸不着的嗅觉形象通过视觉艺术地表现出来，应当说是很困难的，画家的求异创新，可谓妙手回春。

一次，画院以唐诗诗句"野渡无人舟自横"为题让人作画。有的画一只空船系在岸边，有的画一只鸬鹚站在船头，有的画一只乌鸦栖在船篷上张口鸣叫，用以说明无人渡河。这些构思并无新意。唯有一幅画采用创造思维：画的是一个船工坐在船尾正吹着横笛，任小船在水中漂游。有撑船的人却无渡河之人，又以无渡河之人，烘托撑船之人的寂寞和闲适，构思十分奇巧。

画院曾以"嫩绿枝头红一点"来考查画工的创意水平。大部分画家创意平平，画些翠绿草地、树林，然后再点缀一朵红花，虽然没有偏题，然而太俗，没有新意。

1963年,苏春生与浙江美术学院国画系64届师生于云冈石窟景区门口合影

有一幅图采用求异思维:在绿树成荫的阁亭中,画了一个仕女倚栏而立,唯有其樱桃小口的一点唇红与翠枝绿叶相辅相成。人们常规思维中的"红"就是指红花,而这幅画之"红"乃对于植物而言的异类之"红",景中有人,顿使整幅画生意盎然,活了起来。

苏春生读思结合,读文字、思艺术、思绘画。他思到:艺术生产有别于其他生产,艺术生产的产品没有两个是一样的,新颖和独创是艺术美的基本要求。同一工厂生产的同一种型号的产品,其功用、内部结构和外部形状都是相同的,可以进行批量的重复生产;而艺术作品则异者生,同者死,可谓是"声一无听,色一无文","各师成心,其异如面"。列夫·托尔斯泰在《艺术论》中说得好:"只有传达出人们没有体验过的新的感情的艺术作品才是真正的艺术作品。"苏春生在后来读托尔斯泰的《艺术论》时,特意把这句话抄在笔记本上,作为自己创作的座右铭。

读经典的过程,或许不如阅读通俗文学轻松、有趣,有的还比较艰涩、沉重、难懂。但读的过程,是走进历史文化肌理和内核的过程,也是丰富认知、完善人格、

1960年，苏春生与好友杨象宪、周毛金合影

精神升华的过程。

苏春生在回忆学习、研究山水画创作的经历时曾说，最基本的传统绘画方法、先贤画论经典，一定要学好，学扎实。根深才能叶茂。阅读前人的书，既要认真概括归纳有益知识，又要思考它还有哪些没有说清楚的或是与实践中获得的知识有何不同，将其作为继续研究的起点。承继与创新需要艰辛的努力，没有捷径可走。多读书，不断增加知识素养，扩大视野，守住初心，向上攀登。

苏春生在谈到年轻读书感受时说道：我承受过书籍的润泽，是从书籍中获取不少古今的绘画理论及历史知识。只有养成读书的习惯，才能积少成多、聚涓涓细流成浩荡江河，这对我从事艺术创作有很大益处。

苏春生热爱祖国，对父母兄妹、对妻儿、对同事、对学生、对许多不相识的人有仁爱之心，源于儒学文化的熏陶。苏春生明白，做人的高度决定了做事的高度。

苏春生对艺术怀有使命和责任，对祖国的山山水水抱着质朴的情感，为了自己的艺术追求，浑身充满求知动力。

笔者在写本书时，想起一位学者在论述"希望"中的一段话：

> 希望是一个美丽的花环，它使生命美好，使生命充满诗意。希望是兴奋剂，在战胜困难的关键时刻引发人的潜能，给人以强大的力量。当心中怀有一个美好愿望的时候，人生的过程便有美好相伴。心中有阳光，美丽就外现。美好在心间，脸上就灿烂。希望使人变得从容，从容来自自信，自信来自对未来的把握。把一个美好的希望锁定，然后一步一个脚印地去接近它。

此言确切，苏春生从少年时代心中就充满了希望，希望助他成长，希望使他快乐、充实。

苏春生少时就做着一个不同凡响的梦——他的五彩希望，而再好的路也得靠自己一步一步向前走。为了圆自己那个彩色的梦，他必须了解前人、了解传统，必须实践、体验中国画的笔墨技巧和那种传统经典的规范。

在浙江美术学院潘天寿、陆俨少、俞子才、陆维钊、方增先等老师乐育人才、时雨春风的辅导下，苏春生沉潜到一本本好书里，与一个个有智慧的灵魂对话，让自己破茧而出，化蛹成蝶，让梦想在书香里开花。他学而不厌，系统地学习了中华美术理论、传统经典作品临摹、西方美术史等一系列的课程，美学创作更上一层楼……著名山水画大家陆俨少慧眼识人，收苏春生为入室弟子。

业师为书斋号堂匾，在中国传统文化中是相当隆重的精神礼仪，苏春生的"雪堂"之匾乃是业师陆俨少所题，内蕴着他对弟子的殷切希望。画家唐云具有名士风范，他时常为苏春生题字以作鼓励。名师留痕，乃是岁月的馈赠。

苏春生有志竟成，其日后在艺术创作中所取得的不凡成就告诉我们，有了抱负的人，才可能在学习上、事业上经得起磨练，从而获得成功。

苏春生的读书观是，为艺术而读书，为事业而读书，为人生价值而读书。苏春生在回忆大学求知岁月时动情地说道："我离家（上学）以后有不少生活时光是在免费的图书馆中度过的。我看书如同见活人，读书如听师友谈话。对我来说，昔日图书馆正如李义山诗句所云的'平生风义兼师友'了……大学里的图书馆，介绍给我数不清的良师益友。……（在中华传统优秀文化、历史人文典籍里）这些良师从不对我摆任何架子，有求必应。只有我离开他们，他们决不会抛弃我。"

大学是什么？大学是读书的最佳场所，苏春生的大学生活的主旋律是读书、思书，这说明苏春生是一位会上大学的大学生。

正如斯蒂夫·爱伦所说："不要只把你的脚尖浸在名著这潭深水中，要跳进去，像前面一代代聪明的人一样。你会觉得自己的灵魂深处被那些历史上最有天赋的作家的思想和洞察力鼓舞着"，苏春生将自己的灵魂沉浸于知识的海洋。

读书是与历史上的伟大灵魂交谈，借此把人类创造的精神财富"占为己有"，读书是一个人成才的阶梯也是捷径。

《论语》中子夏曰"博学而笃志，切问而近思，仁在其中矣"，讲的是儒家增进学业、修养人格的功夫，讲的是读书与修养的关系。苏春生深谙其道。

苏春生读万卷书，不仅为了学做事，更是为了学做人，修养身心，陶冶性情。

"自天子以至于庶人，壹是皆以修身为本。"修养是个含义广泛的概念。这里的"修"主要是指整治、锻炼、学习、提高；这里的"养"，主要是指培育、涵养和熏陶。概括地说，修养主要是指人们为了一定目的所进行的勤奋学习和涵养锻炼的功夫，以及经过长期努力所达到的某种能力和品质。修养，是使人成为人才的通途，它的目的是使个体的人具有人类中先进人物所共有的精、气、神。人的修养程度高低，决定自身的潜在智慧能否充分发挥，进而决定人在事业上的成败。

苏春生的读书、求知使他深深地领悟到：知识是一切美德之母。书籍是知识的载体，善于读书是获取知识的重要途径和塑造自己人格的重要手段。书是和人类文明与社会历史一起成长起来的。书籍记录了人类历史和人类对于自然界的新发现，记载了古今中外所积累的知识和经验。

人文经典是一座圣殿，它就在我们身边，一切时代的思想者正在那里聚会，我们只要走进去，就能聆听到他们的嘉言隽语。就最深层的精神生活而言，时代的区

1960年，浙江美术学院国画系师生赴温州实习

别并不重要,无论是两千年前的先贤,还是近百年来的今贤,都同样古老,也都同样年轻。

苏春生知道,一个不读书的人是没有根的,对人类文化传统一无所知则其本质上是贫乏和空虚的。书籍中描绘了多姿多彩的自然景观与波澜壮阔的历史画面,弥补了时间和空间的局限。人类历史在不断发展,书画艺术创作也日新月异地发生着变化。我们既要留住我们民族优秀文化的根,也要借鉴、吸收一切外来优秀文化为我们所用,要不断地学习,用新的知识充实自己。

苏春生在阅读中更加明晰了自己的志向。明代学者王阳明说:"志不立,天下无可成之事。"志,就是人们立下的奋斗目标,以及为实现这一目标而下的决心。志——人的精神世界,人的精神支柱。

高尚志向,自觉磨砺,使苏春生判若两人。没进入浙江美术学院前他虽有志向,希望像(书中介绍的画家)那样在艺术创作上有所成就,但那时他只有"日近长安远"。千里之行,始于足下,任何远大的目标,都是从目前细微的小事情做起。进入浙江美术学院后,他经过老师们的因材施教、衣钵相传,自己在学习上心慕手追,锲而不舍地练习,实践出才干,画艺从此精进,得到老师及同学们称赞,成为老师的得意门生……

立志和砥砺是联系在一起的,立志使砥砺有了动力,能自觉地接受磨练;经过实践中的磨砺,理想得以实现。这里重要的是立志。立志可以使人按既定的方向去提高修养和进行锻炼,预先确定在道德修养中所要实现的改变,成为对祖国有用的人。

对于艺术家来说,一个人生来有头脑,有智慧,又有一双手,因此运用自己的头脑、智慧和双手,为传承中华优秀传统文化、为艺术的创作做一些有益的探索,这才算有意义的生活,才不至于虚度一生。苏春生是这么思考着,也是这么做的,为自己的初衷,为实现理想而努力着。

曾任上海教育出版社编审的张亦浩先生,回忆60年前与苏春生在浙江美术学院的同窗之谊,在《点点滴滴话春兄》一文中记叙了当年同学们求知若渴的激情。

> 他是春天生的,我是冬天生的,所以我称他为春兄。春兄山水画得很好,书法也写得不错,为人又谦和还乐于助人。所以在班级里,大家都喜欢与他交往。2016年初,我在上海图书馆举办个人回顾展时,请他作为老

同学代表发言，他欣然答应了。展会开幕式上，他即兴发表了热情洋溢而又有深厚感情的讲话，令我十分温暖和感动。

遥想60年前，同窗五载的往事还历历在目。当时，同学少年，风华正茂，大家从五湖四海来到西子湖畔的最高学府。怀着为艺术献身的信念，特别珍惜在这众多名师指导的环境中学习。往往争分夺秒，不甘落后。比如中午午休时，如有一位同学拿着速写本外出，马上全班同学都紧跟上，唯恐掉队。所以，班里学习风气非常好，不但勤奋，而且还能互相帮助，共同提高。

一二年级的课程是打基础，人物、花鸟、山水各科都学，到三年级再分科。春兄学习努力，各科成绩都不错。由于人物与花鸟科选的人过多了，最后，春兄被推荐学山水了。也是他的幸运，不久，我校潘天寿院长去上海中国画院商借山水大师陆俨少及俞子才先生来校兼课，大大加强了我校山水课师资的力量。当时，陆先生还带来了自己创作的《杜甫诗意百图》来院展出，引起了校内外的轰动。陆先生来校后，制定了新的教学规划与培养目标，山水教学一片新的气象。春兄正是在这样的氛围下，更加努力学习了，进步也较大。到毕业时，已是同学中的佼佼者了。

毕业后，春兄分配的工作，开始不是很对口，但他始终坚持自己珍爱的专业，从不放弃，多年来在美术教育方面做了不少工作，桃李满天下。而同时他还一直在坚持创新，现在有他这样深厚传统功底的人，已是不多了。近年我多次参观他的山水画展，看到他的画，总是充满着一股清新之气。

四
名师与高徒

荀子曰:"有师法者,人之大宝也;无师法者,人之大殃也。"人非生而知之者,知识靠学习,没有老师的"传道、授业、解惑",我们就不可能"坐集千古之智",学到大量科学文化知识。人类积累的科学文化知识不仅无比丰富,而且都有其系统性,有其结构和层次。老师不仅传授我们知识,也是我们攀登知识高峰和渡过迷津、到达知识彼岸的指引者。

四、名师与高徒

从古至今，我国就十分重视老师的作用，韩愈在《师说》中写道："古之学者必有师。师者，所以传道、授业、解惑也。人非生而知之者，孰能无惑？惑而不从师，其为惑也，终不解矣。"他从辩证的关系阐述了从师解惑的道理。柳宗元在他的《师友箴》里也说过："不师如之何？吾何以成？"他是从师的角度发出了不从师不能使事业成功的感叹。可见从师求学对一个人来说，是何等的重要啊！

几千年来，我国保持着从师尊师的优良传统，正如《吕氏春秋》卷四《劝学》篇所说："古之圣王未有不尊师者，尊师则不论其贵贱贫富矣。""疾学在于尊师"，时至今日还流传着许多从师尊师的佳话。汉朝时承宫执苦数年，勤学不倦，终于学通了经书。三国时的邴原，他拜在老师的门下，勤学苦练，终于成为有名望的学者。李固亦有"少好学，常步行寻师，不远千里"的佳话。《论语·子罕》中颜渊曾动情地说自己的老师孔子"夫子循循然善诱人"，而孔子则朴实地表示自己的为师之道是"学而不厌，诲人不倦"，由此建立了千古师德之道。

苏春生在浙江美术学院求学深造期间，风华正茂，先后师从潘天寿、陆俨少、俞子才、陆维钊、方增先等老师。苏春生抓住机会，从不同的老师那里取经，学习绘画技巧，自己研究探索。潘天寿先生说"兴趣就是天才"，他心领神会，牢记心间，去陆维钊、陆俨少、俞子才、顾坤伯、方增先等老师那里学习各种绘画技法，提升自己的艺术创作素养，画艺日进。

这几位名师的画法各有所长，如八仙过海，各显神通。苏春生博采众长用于自己画法的形成和提高，真是名师出高徒。

潘天寿先生精于写意花鸟、山水，偶作人物，尤善画鹰、八哥、蔬果、松、梅等。落笔大胆，点染细心，墨彩纵横交错，构图清新苍秀。他充分发挥墨色效能，使其

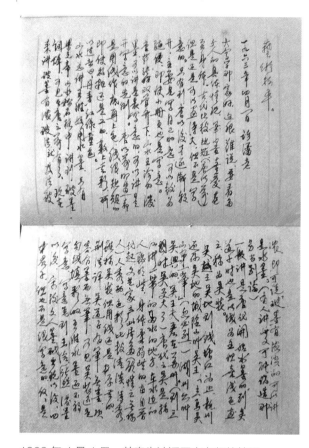

1963年4月1日,苏春生访潘天寿老师的笔记

色彩变化复杂,对比强烈。常言曰:墨为五色之主。潘天寿先生作画的绝技是以笔取气,以墨取韵。

陆俨少先生擅画山水,尤善于发挥用笔效能,他善于以笔尖、笔肚、笔根等的不同运用表现自然山水的不同变化,云水为其绝诣,并创大块留白、墨块之法。

顾坤伯先生的画传统功力深厚,融古通今,自出新意,他将历代画法的特征融合,将唐宋金碧山水的浓艳与元明浅绛山水的清淡,自然结合在一起。他的画刚柔并济,以焦墨法作画,以淡墨衬之。

俞子才先生作画富于层次,色彩绚烂,幻丽典雅,法度严谨。所作青绿、金碧山水尤为一绝。

方增先先生作画讲究笔法笔意,讲究用笔,讲究象征意义,强调"线"的质量与内涵量,对于"线"有极为深刻的理解和概括。

苏春生用心揣摩众位师长的作画风格和作画技巧,继承并融合,像牛顿那样"站在巨人肩上",传承并创新。

潘天寿先生的作品构图具有鲜明特色。在课堂上,他多次给学生专门讲授中国画的构图教程,这在20世纪五六十年代的中国画教学中,恐怕是独一无二的。陆俨少先生在教学时讲解、示范,循循善诱,一丝不苟,因材施教,知无不言,对学习山水画首先提出:要学习传统的精华,把它传承、延续下去。山水画传统丰富,自隋唐起始,至今1 400多年了,特别五代、两宋以后,山水画家辈出,作品遗留浩如烟海,在技法与程式创造上也多种多样,有高低之分、文野之分,要取法乎上,深思力学。首先是要识辨。对传统山水画要有识别能力,从画家的历史社会背景、地域山川的影响及画家学识、文化品格等方面去分析、理解。我们要多学那些开派画家的作品，即在继承与创造上有成就的画家的作品，起点要高，格局就大。抓住山水画演变过程中的关键点。其次是讲规律。陆俨少先生曾反复强调，在学习前人优秀传统的笔墨技法、构图程式、丘壑变化经营过程中，要开动脑子，多想、多研究、多排比，要找出技法的规律。最后是印证与提升。师法造化，

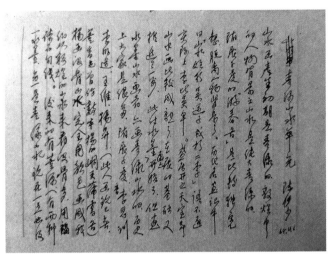

1964年4月6日，苏春生在校听陆俨少老师讲课时的笔记

崇尚自然。陆俨少先生认为，一个优秀的山水画家一定要到大自然中去，在体验与描绘过程中，印证传统技法的得失。从不同山川景物的体态特征的表现上，提升自己表现对象的能力。

老师发蒙解惑，耳提面命，苏春生受益匪浅。老师的诲人不倦，使苏春生如坐春风。下午的自习时间，他还有一个心向往之的去处，那就是老师家，因为在老师家里，看老师怎样用笔落笔，怎样调色上色，那都是展示在眼前的，而且从某种程度上说，在老师家里学得更加贴近，更加具体，更加形象，也更加难忘。他在学校节假期间抓住分分秒秒去图书馆研读优秀传统文化经典，探究画理，苦心竭力，循序渐进，像骆驼吃草，将老师教给他的和他自己吸收的一切有用的知识，慢慢进行反刍、消化，努力提高自己的文化、艺术修养。5年的学习生涯，他如海绵一样吸收着、积累着，然后慢慢形成自己的风格。

爱因斯坦说，热爱是最好的老师。这话很有道理，因为兴趣就像一位无形的老师，能引导人去探索，充分调动其主动精神，发挥其创造性的思维活动。

苏春生在求学期间创作的作品卓尔不群，被同学们称为"老师得意门生"。老师称赞他博览群书、勤学苦练，相信他对优秀传统文化的承继，日后定会青云直上，鼓励他对中国山水画的不断向前发展做出应有的贡献。

宋代杨万里《送刘童子》诗云："长成来奏三千牍，桃李春风冠集英。"

苏春生在拓展艺术道路期间还先后有幸得到了著名画家钱瘦铁、谢稚柳、方增先等先生的指导和亲自教诲。这些良师经常出外写生、绘画，苏春生相陪左右。

2008年，浙江美术学院校庆80周年，苏春生和方增先老师及诸同学合影

尤其是陆俨少耳提带队赴雁荡山写生，要求在写生同时，加强观察。因为观察能以大局出发，山川景物范围大、体积大，要远观其势，而这个势也包括四时不同的节律与风云变幻中造化的风姿。这是一个整体的认识，是画家走进"天人合一"境界的必需过程，也即是"外师造化，中得心源"。要画速写，仔细地捕捉山川的特征，记录不同色彩的变化，作为创作的素材。苏春生更是紧随身边，时时提问"章法的稳实和巧变、笔墨的苍茫和厚朴、诗画的交融和互补"，请教"虚实、疏密、轻重、浓淡、大小、长短、横竖"等关系而心领神会。中国画的创新离不开传统的继承和恩师的殷殷指点，苏春生说："这次去写生，上了一堂生动的课，终生难忘。陆俨少作为一代山水画宗师，当年对我因材施教，精心培育三年之久，不仅亲自示范指点，而且将自己的精品借给我临摹学习，使我获益良多，终生受用。"

苏春生的恩师陆俨少先生对苏春生的关爱，不仅体现在苏春生的求学期间，还一直体现在苏春生从青年到中老年的几十年岁月中。陆俨少先生在临终之前，还念念不忘为他的弟子开一个联展。陆俨少先生仙逝后，陆先生的这一愿望终于实现。20世纪90年代，陆先生就已拟定了参展弟子的名单。14位参展弟子是：陆一飞、陈家泠、陆亨、苏春生、陆亶、徐一轩、卓鹤君、周凯、王健尔、赵养正、王震铎、车鹏飞、谷文达、孙永。他们的作品，虽然风格迥异，表现方式也各有特点，但完全可以看出陆俨少先生的艺术创新精神，完全可以看出陆俨少先生对学生们的深爱和期望。

苏春生在其后的求学、艺术创作探索中逐渐领悟了传统用笔设色之妙和绵延数千年的东方文化的丰富内涵。苏春生既陶醉于师承，又恪守"师其心，不师其迹"的法则，在其毕业离校后60多年从艺、教学生涯中，他以其孜孜不倦、不断进取的创新精神和风格，不负老师鼓励他对中国山水画的不断向前发展做出应有的贡献的期望。站在时代的制高点上自觉驾驭艺术规律,创作出一幅又一幅紧贴时代精神、讴歌伟大祖国的日新月异,感受大美河山的山水画系列等具有民族风格、有艺术生命力的作品,赢得了"苏氏黄山画风"的赞誉,名重艺林。

苏春生感恩老师,动情地说:"师恩难忘。即便连老师的模样都已些许模糊,但那些与老师共处的岁月会一直在我的记忆里,永不老去。应该说,这些名满士林的先生们,在传道、授业、解惑的各个层面扮演着各有风采的师长角色,叠印在我岁月的底板上,深刻地影响了我日后的艺术创作之道。"

1993年10月23日,苏春生父亲苏渊雷先生惊闻陆俨少耳提病逝,想起几十年来的相知相交,情谊深厚,对在书画艺术有着共同理念追求的挚友的离去,感怀地写下挽联,表达了自己的追思与怀念:

截取蜀江图卷,打遍名山草稿。李杜诗情,题材信多采。剧迹敬尘寰,留得骚魂长守。 早岁驰驱巴蜀,中年偃蹇明时。道义交期,父子乐从游。画坛看晚达,如何撒手先归。

俨少大师有道千古

2008年7月,苏春生在纪念陆俨少先生诞辰100周年之时,写下《山高水长忆恩师》一文,满怀感恩的深情,在文中叙述他在1959年考入浙江美术学院后求学5年间里得到陆俨少先生亲授、指点,以及拜陆俨少先生为师和父辈情谊的往事:

蜀江春水蜀山秋,成就诗人几辈俦。至竟画师工点染,千岩万壑入扁舟。
入蜀吴船忆昔年,巴山听雨共缠绵。词源三峡谁能倒,输与山樵着笔妍。
莫道才悭妙未窥,江山如画画尤奇。八年离乱家千里,压轴归装日夜驰。
我出剑门君出峡,归心浩荡散无边。披图不尽江关感,愁水愁风又几年。

1. 父辈之谊的延伸

1976年,陆俨少老师精心创作了《出峡图卷》。全卷笔墨精到,气韵酣畅,意丰境逸,堪称佳构。作为陆氏家传自珍之物,请了多位名家题跋,上面四首七言绝句就是家父苏渊雷欣然为之咏题的。而今,在纪念陆老师诞辰100周年之际，捧读诗文，追忆前贤，感叹良多。记得当时父亲讲："我长俨少兄一岁，时代给我们相同的坎坷命运。八年离乱，同客巴山，家园沦亡之痛，艰辛生活之重担，都没有压垮我们。而巴山蜀水之奇秀壮美，蜀中父老之乡土人情，给我们增添了诗料和画材。特别是俨少兄乘木筏东归，历经艰险，从而开拓了他的胸襟，而成就他卓越的艺术。"当我把题好诗的画卷送给陆老师时，他连声致谢，并与我谈起在重庆开画展时，同父亲交往的情景，当时，两人都正值30多岁的精力充沛之年。

我与陆老师的缘分，可推到20世纪50年代初，在上海一次有众多画家参加的笔会上，只有一位画家画风很独特。于是我就在他画桌边看了很久，直到一幅作品完成，内心很是敬佩。后来，父亲跟我介绍说这就是陆俨少先生，诗文、书画均为海上高手，在重庆时，我们就认识，以后有机会可以向他求教。当时陆老师也很喜欢我这个小毛孩。可惜不久后，"反右运动"开始，家父与陆老师不幸都被打入另册。后来，我们全家又去了黑龙江。求教之事，更是成为泡影。

2. 师生之情的温馨

1959年，我考入了浙江美术学院中国画系，1961年分科，我分在山水科，专攻山水。那时我校山水画教学，师资力量比较薄弱。院长潘天寿冲破了很多阻力，从上海中国画院借调了坐冷板凳的陆俨少先生来院兼课，每学期来两个月，直到"文革"开始后才停止。陆老师来时，把自己创作的百幅《杜甫诗意图》带来展出，在学校引起轰动。所以，我们国画系的师生很尊重他，在生活上也照顾得比较好，这个阶段陆老师的心情，还是比较舒畅。在潘天寿院长的支持下，陆老师主持山水画教学，在教学体系与方法等方面，做出了很大的贡献。我也终于有缘拜这位近代山水大师为师，朝夕相处三年之久，直到辅导我毕业创作完成为止。因为有家父友谊铺垫，陆老师对我也很关心，要求也很严格。每学期结束之前，都是我陪他一起乘火车回上海，再同坐三轮车，送老师到家里。那种师生之谊，至今想来，依然倍感温馨。

3. 陆氏教学的亮点

苏春生 《黄海云起》

应该说，陆老师来美院教书，我们班是最早受惠者，陆老师教学极为认真，讲解、示范，循循诱导，一丝不苟，且因材施教，每个同学都有很大的收获。就连不是山水科的学生前来求教，他也是诚恳对待的。得到陆老师的教诲，是我一生最大的幸运。陆老师的学识、笔墨及人格魅力，给我极大的影响，使我终生受用。现在，我自己也到了古稀之年，在艺术创作上，如果说有一点点收获的话，都是与陆老师言传身教、精心培养分不开的。回顾自己的学习历程，对陆老师许多真知灼见和理论建树的认识，也是在长期的艺术实践中，才逐步深入理解的。特别是他对学习与继承传统的看法，在当代画家中是见解深刻，成效显著，贡献卓越的。

陆老师堪称当代传统功力最深厚的画家，他告诫我们，要学习传统的精华，把它传承、延续下去。山水画传统丰富，自隋唐起始，至今1400多年了，特别五代、两宋以后，山水画家辈出，作品遗留也浩如烟海，在技法与程式创造上，也多种多样，有高低之分，文野之分，要取法乎上，深思力学。

第一，要识辨。对传统山水画要有识别能力，所以师傅领进门后，吃第一口奶很重要。陆老师在教学中，对中国山水画历史作了全面梳理。要我们从画家的历史社会背景，地域山川的影响及画家学识、文化品格等方面去分析、理解。要我们多学那些开派画家的作品，即在继承与创造上有成就画家的作品，起点要高，格局就大。抓住山水画演变过程中的关键点。这样，在学习过程中，能提高自己的眼界、胸襟。所以，一定要高山仰止，景行行止。

第二，要讲规律。陆老师曾反复强调，要学习前人优秀传统的笔墨技法、构图程式、丘壑变化经营，要开动脑子，多想、多研、多排比，要找出技法的规律、关键之所在。必须要十二万分的努力打进去，要像他一样，眼睛一闭，各人各派的笔墨特征、丘壑气韵都显现出来，出手就是，神完气足。古人一切技法虽然也是从大自然造化中，不断实践提炼而来，但是都有其局限性与不足。因此，我们不能迷信古人，盲目学习，一定要提炼出规律

2005年，陆俨少先生墓暨铜像揭幕仪式在上海嘉定举行，苏春生在仪式前留影

苏春生 《匡庐奇峰》

性的东西,理智地学习和运用。

  第三,要印证与提升。师法造化,崇尚自然。陆老师认为一个优秀的山水画家一定要到大自然中去,在体验与描绘过程中,印证传统技法的得失。从不同山川景物的体态特征的表现上,提升自己表现对象的能力。这融会、变化综合技法的过程,也就是进一步研究、创造的过程。陆老师说:"杜甫诗意图我画了 100 张,张张不同。除了笔墨形式上、构图设色上较多变化外,与蜀中山水景物给我的熏陶、奇山异水对杜子美诗歌的印证是分不开的。"

  记得 1962 年陆俨少老师带我们去雁荡山写生,时逢大雨,陆老师在接待所的楼上,一面对景挥毫,一面向我们讲写生的要点。他说自己以前外出,以观察为主,看特征,看气象,同时也注意细节,熟记心中,这样回来后不会忘记。有一次与画家关山月先生同时外出写生,关山月一路上认真勾稿,而自己仅是游看。晚上回到旅店,画了一张今日游览之景色作品,风貌特征，宛然在目，关山月甚为佩服。陆先生要求我们在写生同时，要加强观察。因为观察能以大局出发，山川景物范围大，体积大，要远观其势，而这个势也包括四时不同的节律与风云变幻中造化的风姿。这是一个整体的认识，是画家走进"天人合一"境界的必须过程，也即是"外师造化，中得心源"。这是非常重要的。今天，雁荡山在大雨之中别有一番风韵。我在写生之中，多用湿笔，以呈山川之滋润，凸现雁荡山在雨中烟雾缭绕的变化，给人以空灵的动感。总之，每一次写生，都要有一定的追求，或重结构，或重气韵，或重风物特征等，这样才能不断提高自己。他又说，如果外出时间长，地方较多时，应该勾写速写，比较仔细地捕捉山川的特征，记录不同色彩的变化，以供回来后作为创作的素材。这次陆老师带我们去写生，真正地上了一堂生动的课程，使我终生难忘。

以上是简略回忆陆老师40余年前，在美院上课时的情景，特别是在如何继承与发扬传统这个问题上，陆老师更是身体力行，殉道不已，成为当代山水画大师。斯人远去，风范长存。我作为陆老师的学生，也作为进行山水画创作与教学的继承者，更应当学习陆老师为艺术献身的殉道精神，把中国山水画优良传统的接力棒传下去。

苏春生笃志好学，日就月将，终成中国山水画大家。他的求学刻苦事例和不凡艺术成就也会载入中国当代美术史册。

五
大自然的熏陶

  大自然赐给我们的是知识的种子，而不是现成的知识。自然界的自然现象，只有经过人们了解、认识、概括后，才能变为知识。

  事常成于坚持，败于懈怠。为山九仞，功亏一篑。行百里者半九十。荀子曰："锲而舍之，朽木不折；锲而不舍，金石可镂。"刻刻停停，烂木头也不会折断；刻而不停，金属和玉石也能镂出漂亮的花纹。

推动中国传统山水画向前发展的终究是一批又一批不断成长起来、站在时代前列的新人。新人的成长不可能一帆风顺，往往还可能饱受挫折，但是他们有着美好心灵，以大自然为师、为友，闪耀着的希望之火是无法扑灭的。

有一首歌唱道："祖国大地似锦绣，山河壮丽人风流，打从天山到长江口，祖国大地任我走。"这首歌唱出了苏春生的心声。苏春生在成长的过程中拜大自然为师，在大自然的熏陶下提高了文学素养，提高了美学素养，加深了对中国画精髓及画法特例的认识，在大自然的熏陶下成长、成熟。

1. 在大自然的熏陶下提高了美学素养

苏春生在求学期间经常想到一个问题：大自然提供给我们自然美，中国画提供给我们艺术美，那么，自然美如何转化为艺术美呢？艺术美又如何源于自然又高于自然美呢？通过拜大自然为师，苏春生逐渐认识到，自然美向艺术美转化必须遵循一定的美学原则，画家绘画不是单纯地临摹、再现，而是将素材加工、提炼、创新，没有美学素养是做不到的。

苏春生从上学起便立志将创造有关祖国美好山河的艺术作为自己终身的事业。于是他读千卷书，以此提高自己的文学素养；行万里路，以此提高自己的艺术素养。数十年来，他走遍了祖国的山山水水，登黄山，爬泰山，攀华山，赏庐山，游桂林漓江。早在上学时他就参加学校组织的雁荡山写生活动，对雁荡山给予的艺术启迪已有感受，毕业前又赴井冈山搞毕业创作，毕业后更是马不停蹄地奔走在祖国山河之中，拼命地从大自然中汲取艺术学养，感悟艺术美的真谛。

20世纪70年代初，苏春生赴黄山写生

苏春生曾爬泰山看日出，看到一轮红日从东方冉冉升起，苏春生对"一点"之美的认识有了升华。在学校时学过艺术造型要素：点、线、面，但印象浅薄，在泰山观日出，看见一片蓝天上的一轮红日，感到这个"红一点"真是不平凡，这"一点"如果运用到中国画中，巧妙的艺术构思会显示"点"的恰到好处。

从泰山红日的"一点"之美，苏春生想到中国画的所谓"苔点之美"，国画画山水树石都少不了苔点。微小的苔点，在整幅山水画中不过是一种点缀和烘托，却如山水眼目，犹如一只闪闪发光的眸子，增添了画面的气韵生动。对"一点"之美的感悟，使他在绘画中对苔点的多少、疏密、浓淡方面，都能巧妙处理。所以，苏春生说道，泰山是我的老师。

泰山给予苏春生的不仅是"一点"之美感悟的升华，还给了他崇高美的认识。又一次登泰山，他从山脚的岱庙出发，沿山路攀登而上，途经岱宗坊、红门、万仙楼、斗母宫、壶天阁、中天门……最后经十八盘而登山顶南天门。在登山的全过程中，看到了泰山的全貌，苍松翠柏，碧槐绿栎；奇峰异石，峻峭多姿，飞瀑流鸣；众多建筑，金碧辉煌，绚丽多彩。在这多种多样的美中，苏春生感到泰山最强烈的是崇高美，认识到了画泰山必须表现出泰山的崇高美，必须画出泰山的山势磅礴、雄伟壮丽，必须给人以"会当凌绝顶，一览众山小"之感。

仅仅一座泰山，就让苏春生受益匪浅。

苏春生小时候读过韩愈的诗《送桂州严大夫同用南字》，对"江作青罗带，山如碧玉簪"这一妙句印象极深，韩愈这首诗描画的是桂林山水的柔美线条。苏春生亲临桂林，体验了漓江的水，有似飘动的曲线，对曲线这种"富有魔力的线条"

有了更深的感悟，使过去在课本里学的感性认识上升为理性认识。在我国传统的美学里，历来看重和讲究曲线之美。唐代常建诗曰："曲径通幽处，禅房花木深"，描写的是寺院花径的曲折线条。山水画中少不了曲线，像飞檐翘脚的曲线屋顶和曲折幽深的山中园林都有曲线之美。

桂林山水给予苏春生的不仅是曲线之美感悟的升华，还给了他秀丽美的认识。秀——形状要娇小玲珑，线条要柔和，色泽要葱绿，这是苏春生对"秀丽美"表现的认识。桂林漓江，山石突出，或孤峰独秀，或峰丛连座，漓江及其支流，环回于石山峰林之间，山环水抱，山奇水秀，秀丽无比。苏春生经过四处写生，细细揣摩，看出"秀"也有不同。他认为画桂林要画出奇秀，画峨眉山要画出雄秀，画西湖要画出娇秀，画富春江要画出锦秀。这些深刻的感悟源于大自然的熏陶，所以苏春生说："桂林、峨眉是我的老师，它们教我认识'秀'。"

黄山是苏春生最常去的地方，他曾39次赴黄山绘画。站在黄山不同的地方，欣赏不同的奇景：他登玉屏楼观前海，上清凉山观后海，去白鹅岭看东海，到排云亭望西海，攀光明顶观天海，黄山到处都留下他的足迹。

黄山素称"天下奇"，以温泉、怪石、奇松、云海构成"四绝"，七十二峰怪石嶙峋、树木茂盛，云蒸雾涌，变化莫测，赢得"五岳归来不看山，黄山归来不看岳"的赞誉。在"四绝"中给苏春生印象最深、启迪最大的是云海与怪石。

云海是一种朦胧美。黄山是美的，云雾飘浮弥漫，不知是云，不知是雾，哪里是山？哪里是谷？好像山石漂漂，又似云在寻路。遥望黄山云海，苏春生回顾

20世纪70年代，苏春生与父亲苏渊雷在北雁荡山

1988年，苏春生带领大专班同学赴桂林写生时留影

曾经学过的罗丹的名言："大自然总是美的，自然给人神秘之感、感人之力。"苏春生感受到黄山的朦胧之美，是由这种神秘之感和感人之力所造成的。

苏春生以前认为"朦胧"总是概念性的，依稀、隐约、模糊、迷离、空灵、飘渺……但是，在云雾缭绕的黄山，苏春生对"朦胧"的认识形象了，清晰了。这对领会国画中"月迷津渡""烟锁楼台""远水波渺""云滋山巅"的描绘，大有启迪。

中国画不同于西方的油画，国画中有"计白当黑"之法，画家描绘景物从不画满全纸，而是留有空白，用空白来表现天空、云雾和流水。苏春生从黄山云雾中，联想到看过的八大山人的作品。八大山人画鱼是在一张白纸的中心勾点寥寥数笔，除一条生动活泼的鱼外别无所有，然而看起来却满纸江湖，烟波无尽，虽朦胧却尽得风流。苏春生想起宋代马远的作品，他的画只画一角，留下大片空白，意境却十分深远。苏春生从黄山云雾中感悟到山水画中的空白之处，并非真空，而是灵气往来，意趣无穷。黄山让苏春生感悟了朦胧美的奥妙。

黄山"四绝"之一的怪石，以奇取胜，以多著称，已被命名的怪石有120多处。其形态可谓千奇百怪，有的似人，有的似物，有的很美，有的很丑。苏春生从怪石中领略了美与丑的辩证法，领略了"以丑为美"。苏春生认为郑板桥、米芾的观点是对的。郑板桥专爱画丑石，自云："一丑字则石之千态万状皆从此出……燮（板桥）画此石，丑石也；丑而雄，丑而秀。"他不赞成"以玲珑之气为石之美"的观点。米芾也是石痴，每见怪石，必称之为"兄"。黄山怪石给苏春生以启迪，丑与美是对立统一体，丑石之美在于其"雄"其"秀"。潘天寿先生画石，就是以浑朴怪异为石之美、石之趣。丑怪之石本有很美的内质，它那怪异的外形，由于相反相成的奇妙作用，便使怪石的内在美显得更强烈。

苏春生求学期间，曾随师友一起赴雁荡山写生。雁荡山的自然美也感染了苏春生。雁荡山有一个特征，同是一处景点，白天看是一种美，晚上看又是另一种美。例如山峰，白天看是这样的，晚上看又是那样的。为什么会是这样呢？苏春生思考了很久，终于找出原因：景物没有变化，是环境变化了，环境的变化引起了人们视觉的变化。那么，同一景物的绘画，是不是也能画出不同的效果呢？什么是画面主题的环境？苏春生思索良久，终于找出答案，运用色彩、造型要素、构图设计、绘画角度、取景设计的变化，也能画出同一景点的不同风格的山水画。

雁荡山以山水奇秀闻名，雁荡山体山中有水，水中有山，山顶有湖，山底有潭。苏春生在雁荡山写生实习，感到有山有水的美，领悟为什么在中国画中有"山水画"的分类。山刚水柔，人称有山有水好风光。水无山依难成韵，山无水润必荒秃，若仅有山无水，或仅有水无山，算不上好景。

雁荡山山中有水，水中有山，山水互补的美吸引了苏春生，同时也引发了他的深度思考：绘画要训练互补。

苏春生感悟到世界上凡是美好的必是互补的，一幅画只有各方面因素达到互补才是美的。

苏春生的父亲苏渊雷先生是位国学大家，儒、道、释三学皆精通，受其父学识的影响，苏春生从小便了解儒、道的一些经典知识。苏春生感悟到，老子的道和孔子的儒，在形式上分为两派，两者的思想的主旨也似乎有明显的区别。儒家思想的主旨是"修身、齐家、治国、平天下"，是用积极进取的精神，达到建功立业、超越平凡的目的，主张"有为"。道家则主张"无为"，主张顺乎自然，冷静迂回，遇事忍耐，以柔克刚。其实，儒与道在实质上却是一家。道家要人们以"无为"的心态，达到"无所不为"的境界，

1993年7月，苏春生在黄山西海

20世纪90年代初，苏春生在南岳衡山写生

儒与道是同一件事物的两个面，儒与道像两个巨大的车轮，千百年来承载着中华文明之车。如果说儒是一支船桨，那么道就是另一支船桨，两支桨相互协调，生命之舟才能乘风破浪，助你达到理想的彼岸。

苏春生想到父亲，父亲能把事业做到极致，正是因为在学识上有儒、道、释三学的互补，诗、书、画三技的互补，情商、智商的互补，读书、写书、思书的互补。苏春生决心努力做父亲那样的人，努力充实，改善自己的知识结构，要学古人绘画，要学今人绘画，达到古今互补；要学文学，要学美学，达到文学与美学互补。联想到绘画，要重视点、线、面、体之间的互补，要重视色彩的色相、明度、纯度的互补，要重视形与意的互补，要重视画中诗、书、画、印的互补，要重视有物之处与无物之处（留白）的互补，要重视朦胧与清晰的互补，要重视似与不似、再现与想象的互补。

看山只见山，看水只见水，这是一般人的思维方式。看山水既见山水，又联想到创作思想、创作技巧、人生与事业，这是苏春生的思维方式。有什么样的思维方式，才有什么样水平的作品。

苏春生几十年来，两条腿一直没闲着，两只眼睛一直没闲着，一个大脑一直没闲着，他一路走，一路看，一路思索。他走过许多座山，发现每座山都有不同于其他山的特色，发现特色，画出特色，绘画便是成功的。通过博览群山，苏春生总结了群山可以用雄、险、奇、秀、幽几个字去概括，凡是有其中之一者就是美的。山水画就应当把这几个字表现出来。

第一个字：雄——雄伟。雄伟的因素是高大、宏伟。例如，位于齐鲁丘陵之上的泰山，有"高江急峡雷霆斗、古木苍藤日月昏"之感的三峡的夔门。

第二个字：险——险峻。例如地处秦岭山脉，由花岗岩构成的华山，位于四川绵阳地区的秦岭、巴山、岷山之间的剑门蜀道。

第三个字：奇——奇特。例如云南石林，素称"天下奇"的黄山。

第四个字：秀——秀丽。例如，山清水秀的桂林、峨眉山、乐山。

第五个字：幽——幽静。例如，被誉为"青城天下幽"的青城山。

苏春生不但总结了这5个字，而且在山水画中用力表现出它们，所以他的山水画山美水也美。

在大自然的熏陶下，苏春生长了见识，在求学期间将"自然美如何转变为艺术美"的问题解决了。苏春生认识到，作为一个合格的乃至优秀的画家，要想让山美水美的自然景色转化为赏心悦目的山水画艺术美，要用心做到以下几点：

首先，取景方面要注意概括、集中的典型性，画家的山水画不是自然美的照搬，画家在一定的世界观和审美理想的指导下，根据一定的创作意图，对原始的生活素材进行集中、提炼、加工、概括，使描绘的山水形象鲜明。

其次，绘画主题要有具体、可感的形象性。艺术形象是具体、生动、可感的景物、场面、情状、旋律，饱含画家的审美认识、审美情感、审美想象、审美理想、审美评价。大自然提供了艺术作品所必需的形象性。

再次，画家绘画要有真挚、强烈的情感性。画家只有带着浓郁的感情色彩去

1980年5月，苏春生带上海美术家协会国画班同学赴四川写生

画,他的作品的艺术形象才会带有浓郁的感情色彩。因此绘画是主客观相结合的产物。正是"登山则情满于山,观海则意溢于海","一切情语皆景语,一切景语皆情语"。苏春生正是带有对祖国山河浓郁的感情绘画,他的山水画才有情,并以情感染受众。

最后,绘画要有独特新颖的创造性。艺术美只有独创,才有其生生不息的生命力。

所以,苏春生说:"千山万水是我的老师。"

苏春生是幸运的,他的成长遇到了出色、敬业的老师。

苏春生是幸运的,他的成长还有数不清的良师——大自然中的千山万水。

2. 在大自然的熏陶下加强了对国画精髓的认识

中国画偏重于抒发感情,写意传神,既不拘泥于写实,又不完全放弃自然形态,强调"形神兼备""以形写神"。齐白石曾一语道出中国画绘画的精髓:"妙在似

2003年,苏春生在甘肃甘南拉卜楞寺前写生

与不似之间。"对于这个"似与不似"，苏春生虽然求学时就知道了，但是理解不深，特别是对怎么把握"似与不似"的度，更是不知所措。

苏春生常去黄山写生采风，黄山的石头千奇百怪，启发了他。这些怪石大的就是一座山峰，如仙桃峰、笔峰、老人峰，因像桃、笔、老人而命名；小的如同盆景古玩，如"猴子观海"上的"猴石"，"鳌鱼吃螺蛳"中的"螺蛳石"，块石大小均在3米左右。有的怪石因观赏角度改变，景致也随之变化，如天都峰侧的"金鸡叫天门"，换一个角度看，石景又变成"五老上天都"；石门溪旁的"喜鹊登梅"，换一个角度看，又变成了"仙人指路"。黄山怪石对金鸡、仙人、猴子等人物、动物或形似，或神似，惟妙惟肖，妙趣横生。这些怪石的形状与真实的物大体像，又不完全像，这不就是"似与不似之间"吗？苏春生豁然开朗，茅塞顿开。

苏春生从黄山怪石中领悟了齐白石的名言："太似则媚俗，不似则欺世。妙在似与不似之间。"艺术创作包括山水画创作上的恰如其分，首先是它的真实性、准确性问题，反映山水不真实、不准确，就无美而言。"不似"是虚假现象，"不似"是失度，画什么不像什么，装什么不像什么，便是"不似为欺世"。山水画又不能与原型分毫不差，"太似"是"自然主义"，太似为媚俗，"太似"也是失度。"似"是"不似"的现实基础，"不似"是为了展示更高级的"似"。如果纯客观地、自然主义地描绘山水，那就失去了中国画的要义和精髓。

黄山怪石的启发，使苏春生进一步认识到：中国画的"传神"，就是不仅要画出对象的外形，更重要的还要表达出对象的神采气韵。如何才能做到"传神"呢？当然先得有形，若形不存，"神"则无寄寓之处。但是如果画家只对客观对象作直观的、静止的描摹，而不深入发掘对象的神情品性，就只能获得一种"匠气"。所以，画画既要像，又不能全像。

通过观察大自然，苏春生观察力变强了，变得更敏锐了。例如，画山水画的水色并不是什么季节都是一个色的，而是春绿、夏碧、秋青、冬黑。苏春生认真观察春、夏、秋、冬不同季节的同一山景，发现山景也因朝暮昼夜、春夏秋冬的变化而受到影响，可谓是："日出而林霏开，云归而岩穴暝，晦明变化者，山间之朝暮也。野花发而幽香，佳木秀而繁阴，风霜高清，水落而石出者，山间之四时也。朝而往，暮而归，四时之景不同，而乐亦无穷也"（欧阳修《醉翁亭记》）。"春山淡冶而如笑，夏山苍翠而如滴，秋山明净而如妆，冬山惨淡而如睡"，植物的新陈代谢和气候变化，四季也各不相同，有春英、夏荫、秋毛、冬骨，春英萌芽美，夏荫浓郁美，秋毛萧疏美，冬骨挺劲美。观察大自然的细微变化，提升了苏春生的绘画素质。

"散点透视法"是中国画的构图法。这种构图法听起来抽象，不易理解，但是去一趟开封，研究一下北宋画家张择端的《清明上河图》，便可大致了解。《清明上河图》充分发挥了中国绘画的"散点透视"的构图法，画面以鸟瞰式表现了广阔的场面，详尽描绘了北宋都城汴梁（今开封）的风土人情，以及当时各阶层人物的活动情况。画面在人和物的远近、疏密、动静、繁简的运筹安排上，达到了繁而不乱、准确周密、起伏有节的艺术效果，正是"方寸之内，体百里之迥"。

大自然中的山山水水，以及前辈画家的作品，提升了苏春生对线条、构图、色彩等绘画要素的处理能力，使其造型语言更丰富、生动、准确。

哲人说，"这世上并不缺少美，只是缺少一双审美的眼睛"。苏春生有一双审美的眼睛，这双审美的眼睛是在大自然的熏陶下炼成的。

3. 在大自然的熏陶下提高了文学素养

一位画家有多高的文学素养，他的画就有多高的格调，我国的诗、书、画、印为一体。所谓文学素养，是指用与感知相联系、与情理相统一的词语来表达和唤起表象、联想与想象的艺术能力。既然文学素养与感知有关，当然与大自然有关，绘画与写诗一样，都是"功夫在诗外"。"功夫在诗外"说明写诗的真正功夫在于生活、实践，绘画的真正功夫也在于生活、实践。

文学是想象艺术，这是因为语言在文学中，不仅只是与感知、认识、情感相联系，更是要唤起和编织想象，而想象的原型是在大自然中。

苏春生求学期间曾读过不少古诗词、名言妙句。读的时候只觉得词句优美，但对其意却又难以探究。例如，宋代画家兼山水画

1986年，苏春生在西双版纳写生

理论家郭熙在《山水训》中为什么说"春山淡冶而如笑"？在大自然中，苏春生看到春暖花开，叶绿草茂，鸟鸣虫喧，泉水叮咚，万物复苏，春意盎然。苏春生见此状充满了喜悦、欢乐，故而理解了"春山如笑"。为什么"夏山苍翠而如滴"？在大自然中，苏春生看到了夏季雨水充沛，光照充分，草木生长繁盛苍翠，郁郁葱葱，故而理解了"夏山如滴"。为什么"秋山明净而如妆"？在大自然中，苏春生看到了秋天天高气爽，霜染风摧，层林如火，黄花遍地，树叶变色，斑斓可爱，故而理解了"秋山如妆"。为什么"冬山惨淡如睡"？在大自然中，苏春生看到了冬天叶枯辞枝，鸟栖虫眠，一切处于沉寂之中，故而理解了"冬山如睡"。

20世纪80年代，苏春生在无锡写生

白居易曾有一首《忆江南》："江南好，风景旧曾谙；日出江花红胜火，春来江水绿如蓝。能不忆江南？"江水又绿又蓝是什么颜色？苏春生在雁荡山写生，看到雁荡山的水果然碧蓝如玉，再一打听才知，由于雁荡山所含的矿物质品种较多，所以水的颜色也随着其种类的变化而变化。一半是蓝绿色的璞玉，而另一半则是清澈见底的明镜，大自然帮助苏春生对《忆江南》有了深入的了解。

大自然不但提升了苏春生的文学修养，也提升了苏春生的哲学修养。苏春生在黄山看到的黄山云雾，在美学上叫作"朦胧美"，在中国画上叫"留白"，在老子哲学上叫"无"，从画中的留白想象出云、雾、水，这是"无中生有"。

苏春生作为专业中国山水画教师，也编写出版了多部著作。1989年，《黄山写生要法》由华东师范大学出版社出版，1990年8月，《中国书画报》介绍了这本著作。1992年《苏春生画黄山》出版。1999年，主编《苏渊雷文集》，由上海人民出版社出版。2000年，《中国水墨山水画教程》由上海交通大学出版社出版。2000年，《苏春生画黄山》教学光盘发行。2003年，"苏春生黄山明信片集"发行。同年，《苏春生作品集》由上海人民美术出版社出版。2005年，苏春生主

2006年，苏春生在新疆伊犁写生

编《苏渊雷书画诗文集》，由上海画报出版社出版。2008年，苏春生主编《苏渊雷百年诞辰纪念册》，由华东师范大学出版社出版。2009年，《中国画山水技法教程》由上海人民美术出版社出版。《当代画史（珍藏版）》，由天津美术出版社出版。

苏春生拜大自然为师，苏春生又以等身的著作和画卷回报恩师。人们常期盼自己一生能有贵人相助，苏春生一生中多遇贵人，其贵人之一即大自然。

2000年，苏春生于黄山石笋矼

六
情投意合,相敬如宾

我必须是你近旁的一株木棉,作为树的形象和你站在一起。根,紧握在树下;叶,相融在云里。

——舒婷

爱情——不是一颗心去敲打另一颗心,而是两颗心共同撞击的火花。

一个人是诗,两个人是画,岁月无恙,你我无惧,便是流年里最美的风景。

六、情投意合，相敬如宾

苏春生与郁丽华女士比目连枝，郁丽华成了苏春生的贤内助，也是苏春生成功的见证人。苏春生、郁丽华夫妇，两个人像一个人，一个人想着两个人。十几年的共同生活中一直有着深层次的精神交流，两个人早已从普通的夫妻升华为神契心通的挚友，被称颂为伉俪情深的生活范本。

美好的情感，追根溯源，往往植根于一个"懂"字，所谓知己，就是懂"我"的人。

苏春生说，天下最快乐的事情，一是和自己喜欢的人在一起，享受爱情、亲情和友情，另一是做自己喜欢做的事，对他而言便是读书和艺术创作。能够获得这两种快乐，乃是人生的两大幸运。

成熟的爱情是更有价值的，因为它是全部人生经历发出的呼唤。

苏春生写作《苏春生画黄山——山水写生技法》时，几周来凝思构图创作，积劳成疾，以至于在一天夜里血压偏高，睡眠中说梦语，精神恍惚，在床上左转右翻，虚汗直冒。响声中惊醒的郁丽华一看，焦急万分，即速起床，忙前忙后地又是取药，又是擦身去汗，量体温、血压，按摩活动经络，直至苏春生稍加好转无大碍才放下心来。郁丽华在生活中体贴和关心，令苏春生十分感动，他经常向友人夸耀。

郁丽华有着内贤外助、聪颖明慧的智者女性风范，默默支持着苏春生。她凡事亲力亲为，日常起居总是事无巨细，全职保姆、厨师、医生和"外交官"等种种角色她都一肩挑起。天冷时给苏春生披上一件外套，或给他端来一杯热茶……其烹调厨艺使苏春生平时除了必要的亲友相聚不可缺席外，都不愿意去外面的饭馆，而是在家吃妻子烹炒的美味佳肴。

世上的事多为平凡小事，并不轰轰烈烈。但是平凡见精神，显风貌，滴水中可

2010年，苏春生与妻郁丽华同赴新疆旅游

以见大海。

　　孔子曰："古之为政，爱人为大。"郁丽华将"仁者爱人"这一儒家的核心思想身体力行。她靠的是人与人之间最简单朴素的将心比心、以心换心，而这种简单到极致的质朴，恰恰是如今最难能可贵的品质。

　　郁丽华用挚爱的精神把苏春生当作最亲的亲人体贴。两个人的相爱相依叙述了一段同甘共苦、相濡以沫的关系和一个融洽、亲密的感情故事，用现代的故事确证了爱的永恒的精义。

　　生命的美，要靠自己来感受；生活的美，需要自己去制造。两个人互相体贴、照顾，在你我间的一切都从一个爱字里流出，这是他俩共同的心愿。

　　爱情是分享和分担。分享他（她）的快乐，使他（她）更快乐。分担他（她）的忧愁，使他（她）宽心解忧。

　　两个人像一个人，一个人想着两个人。

　　苏春生、郁丽华夫妇的另一个共同的兴趣便是旅行，人生的乐趣就在于能够享受到大自然赋予的美景以及与自然融为一体的人文景观。黄河上下、大江南北；

长城内外、塞外边陲；佛寺名殿、暮鼓晨钟；在天地间行走，徜徉于名山大川，穿行于森林草原，仰观宇宙，俯察涓流。一个热爱祖国山水的人，必然会为生长在如此美好的江山之中而自豪、快乐。

旅行是最好的活动。"活动"两字，看似平常，其实含有深刻的内涵。活，就是动；动，才能活，不动则衰。"活"与"动"两者，血肉相连，密不可分。

苏春生、郁丽华夫妇趁春色含娇，趁夏荷正茂，趁秋果丰硕，趁冬雪妖娆，都抽出时间外出旅行。他们追寻古人的足迹，品味诗风词韵，总能在不经意的时候相遇一份期待已久的感动。

国内多处自然景象、人文历史胜地都留下了他俩的足迹。独不能忘怀的是新疆之行，在天山天池、喀纳斯湖泊，在胡杨林中、在大巴扎集市内；还有黄山的攀登、太行的游踪、太湖的秋艳、香雪海的春信、西湖的游舟以及雪窦山的飞瀑等。

苏春生写生稿《西太行山》

苏春生写生稿《西太行山》

苏春生写生稿《王屋山》

苏春生写生稿《西太行山》

在旅行途中，站在悬崖绝壁上，面对青山绿水，引吭长啸几声，听空谷回音，让山水传情，此时可谓物我一体，心旷神怡了。

苏春生将旅行途中看到的自然河山美景、街头人群形象有趣一幕、历史胜地、人文景象，都画在了写生本上带回，为日后创作新时代、新面貌、新山水画作品积累资料。郁丽华的照相机、手机里都存满了两人旅行途中的快乐瞬间，拥抱在青山绿水中与大自然合为一体的倩影。

他们年已高龄，想来也不太可能无病无痛，但其面对现实的勇气、热情和活力，令同行师生、友人们赞赏不已。

一个人是诗，两个人是画，岁月无恙，你我无惧，便是流年里最美的风景。

七
仁爱之心

仁爱是感情之源,是感情的纽带,是沟通人与人之间心灵的桥梁。

漫漫人生路,谁不需要情感——亲情、友情、爱情,哪一种情不是让我们精神振奋、刻骨铭心?有爱才有一切。

儒学的思想核心是仁，一部《论语》中"仁"字出现了上百次之多。孔子说："仁者，爱人。"

"爱人"就是主张人与人之间应当相爱，"泛爱众"，"四海之内皆兄弟"。"仁"字结构从"二"从"人"，即二人之义。这个"二"，有一笔是指自己，另一笔指亲人（父、母、妻、儿、兄弟姐妹），朋友、师长、众人。

1. 父爱如山重

我们民族文化具有重人伦的特征，而伦理文化的核心之一是"家庭孝敬"，尤其是对父母的孝敬。自孔子始，孝德便被当作"仁之本"，"百义孝为先"，成了千百年来人们所奉行的一条道德原则。

凡是读过《诗经》的人，谁都不会忘记在《小雅》中的这首《蓼莪》，全诗的主题就是提倡孝敬父母。诗中唱道："蓼蓼者莪，匪莪伊蒿。哀哀父母，生我劬劳。蓼蓼者莪，匪莪伊蔚。哀哀父母，生我劳瘁。"

这首诗之所以成为数千年来传诵不衰的名篇，主要在于它写出了子女对父母的深厚感情。人之初，皆为人子，无不受父母的养育之恩，子女对父母的爱是一种以身心感受为基础的感情。

中国人追求的理想人格，是忠孝两全的人格。人生在世，既应忠于国家和人民，又应孝敬父母。孝是一个人最基本的品德，如果没有这个品德，很难生出其他的品德。

"慈母手中线，游子身上衣。临行密密缝，意恐迟迟归。谁言寸草心，报得三

1989年，苏春生与父亲苏渊雷先生摄于"钵水斋"书房

春晖？"唐代诗人孟郊所写的《游子吟》，千百年来，不知牵动过多少人对父母的敬爱、依恋之情。诗中用春天的阳光比喻母爱，用小草比喻儿女，说明做儿女的无论怎样孝敬父母，都难以报答父母深厚的恩情。

临近垂暮之年，人们每当追忆起绚丽缤纷的青春年华，时常浮想联翩，情不能已。虽然那个年代已渐行渐远，但回忆的画面里依旧透出一股浓烈的荷尔蒙气息，萦绕在人们左右，挠动着尘封多时的记忆，不经意间使人们沉入对往事的深情缅怀之中。

苏春生回忆父亲，含悲饮泣地说："父亲永远不能与再儿子讨论读书的意义、学问的汲取，一起创作书画了。父亲诗书画三绝兼擅，文史哲一以贯之，他是一位非常难得的学术家、文艺家、能'究天人之际、通古今之变'的'通人'，是一个对祖国、对人民、对事业、对家人、对友人充满感情的人。"

苏春生经常回忆儿时父子情深的生活情景：

记得儿时的颠沛流浪途中，父亲一手抱我，一手执笔，依一盏小油灯在昏黄的光线下吟诗，反复推敲，直到深更半夜，吵醒家人。他那浓重的温州乡音吟咏，成了我幼年入梦的童谣。

父亲敦厚、慈爱，对子女从不打骂，连呵责之声都未曾有过，而每每为我们一点点进步即高兴异常。

1946年，抗战胜利。父亲带着全家从重庆东归南京，1948年由南京迁往上海。上海解放后，父亲的挚友书画名家江寒汀、唐云、钱瘦铁、陆俨少、谢稚柳、张大壮、吴青霞等常来家中相聚，他们或挥毫作画，或诗酒流连，或谈艺论文。我常嬉戏其间，耳闻目睹，艺术的种子已悄悄地撒播在稚嫩的心田。读初中时，我立志艺术的信念已确定，先后拜唐云、钱瘦铁为师。父亲为我高兴，写了两首诗勉励、鞭策我：艺术探索不易，要谦虚、勤奋、进取，才能一步步脚踏实地地攀登上高峰。

次儿春生索诗漫书五绝付之并请同座诸公杂画以为楷模
金石诗书画本通，
性灵才力两难充。
虎儿扛鼎终期汝，
积学毋忘计日功。

艺事文章标格先，
堂堂父执尽尊前。
儿今一一求师法，
功力深时即自然。

1964年，我在浙江美术学院毕业前，与老师、同学一起去井冈山、杭州、桐庐，体验生活，搜集毕业创作素材后去哈尔滨与父母兄妹团聚。父亲问长问短后表扬我"十年积学更竿头"，并期望我在艺术的传承、钻研、创新中"笔歌墨舞足风流"。当时鼓励我，给我写诗的情景，至今记忆犹新，感奋不已。

1946年，苏渊雷、苏春生父子东归途中在陕西张良庙内合影

1963年，苏春生摄于杭州

钓台月色井冈秋，
带得江山画稿留。
万里壮游宜此日，
十年积学更竿头。

文章道义存知己，
时代精神好自求。
望子成名聊尔尔，
笔歌墨舞足风流。

次子守玄新自桐庐、井冈山旅行写生归，占此勖之。

2011年11月，"海上二苏书画展"先后在上海松江程十发艺术馆举办及海派源流画廊展出。画展中，有一幅《国清寺隋梅图》，这是苏春生和父亲合作的最后一幅画。1995年新春，苏春生与父亲苏渊雷及一批书画家到浙江桐庐采风，富春江水碧波荡漾，钓台山色迷蒙苍翠，使年届88高龄的父亲诗兴大发，当场为苏春生创作的《新富春山水图》即兴题七绝两首。《梅石图》是父子两人合作画的，苏春生先写石，父亲补梅花后即题诗："梅花飞雪雪飞花，拗得虬枝领岁华，茶酽酒香两无迹，一窗疏影任横斜。"题好后一看旁边还有留白，又作诗一首让苏春生书写："白梅花对赤琅玕，来向空山证岁寒，消得人间烟火气，苍苔白石耐相看。"苏春生满怀对父亲的敬重和怀念说："自桐庐回沪后父亲原准备参加上海佛教代表团去中国香港特区参访，但因身体不适入院治疗被查出已患绝症，于同年11月13日逝世。"《梅石图》就成了父子丹青翰墨最后的合璧之作。

苏春生在出版的画册后记《沧桑艺事，人间正道》中，满怀对父亲的追念，眼含泪花深情地写道：

> 当我提笔为这本《丹青翰墨聚艺缘——海上二苏书画翰墨文献展》写后记时，内心是颇不平静的。这个展览凝结着我们父子两代的人生追求和从艺历程，这是一种生命的转换与信念的砥砺。

七、仁爱之心

记得30年前我与父亲在程十发院长的鼓励下，假上海中国画院举办了首次父子书画展。当时海上名家云集，群贤毕至，极一时之盛。今次，得韩天衡美术馆之邀，再度举办"海上二苏书画翰墨文献展"，更是富有纪念效应和展示意义。其一，天衡兄与我们父子相识甚久，艺文切磋，时相过从，能在韩馆展出，亦是因缘再续也；其二，这次展出不仅仅是书画作品，更增加了父亲翰墨、诗文以及与友人来往的信札等内容，以期能够较全方位地介绍父亲的人生轨迹、学术成就和人格魅力。这正是他一生对民族文化的深究与创建以及高迈的人格修养的全面反映。

记得当年我大学毕业、即将走向工作岗位之时，父亲从哈尔滨寄来的信件

父子合作画《梅石图》，苏渊雷写梅，苏春生写石

父子合作画《梅石图》，苏渊雷画梅题诗，苏春生写石书诗

中，给我提出了三点意见:"文章艺事，重在安雅以容，忙中检点，处处用心，斯有可成。儿初毕业，万里长途，仅为发轫，坚持努力，自有水到渠成，俯仰自得之乐。兹提三语，以为今后工作学习处世之鉴:

其一，士先器识而后文艺。

其二，助人为快乐之本。

其三，不说不能见效的废话。不举不必要的债务。凡事留一余地。得意时特别提高警惕。切切勿忘。

父亲对我们子女，从不苛责，往往都是以鼓励为主，一切顺其自然。对我们学业也从来不提什么要求。这是他第一次真正给我的人生指点。我想是要让我更好地走向社会，少走弯路，免遭挫折，真是用心良苦。可惜我当时年少气盛，理解不深。现在重新阅读之下，深有感触，其实这三点意见，正是他人生经历中的体会。父亲坦荡的胸怀，深厚的学养和丰富的阅历，都是无言的身教，一直激励我们认真学习而不敢怠慢。他传承与发扬民族文化，坚持真理的历史使命感，他的风骨与自信，任何艰难困苦，都毫不动摇。这是老一辈文化人的操守和人生观。

2008年，上海楹联学会举行"苏渊雷先生百岁诞辰学术研讨会"。苏春生（右二）与会长丁锡满（右三）、世炫法师（中）等合影

2013年为拍摄《卓尔不群——国学大师苏渊雷》专题片，我与上海电视台摄制组同去黑龙江五常县南土乡，采访了当时父亲被迫下放时住处的房东老汉。我们坐在父亲睡过的土炕上，听老汉叙说父亲当时生活的状况。他对父亲印象很深，开口就说："老苏头，是个好老头，是一等的老头。"又讲"每天清早，零下三十多度，外出捡粪，拾满一筐回来，这是当时监督劳动的任务。但他从不叫苦，还很乐观，晚上和我一起偷偷地喝土烧酒"，"他的书信很多，都是我帮他去拿的，他有个另外的名字叫'仲翔'"。这些朴素的大白话，令我们十分感动。在当时那样的社会政治压力下，如此困苦的状态中，父亲从来没有向家人诉说过。我们看到的依然是那个达观向上、不屈不挠、和蔼可亲的父亲。从那么多诗友的鸿雁来书、诗词唱和中，我们看到了中国文人纯正的品格和铮铮傲骨。他们之间的友情，不会因世态变化、地位浮沉而改变，相互间心灵的沟通和感情的抒发，依然如故，丝毫不顾在那非常时期，可能带来的灾难。这正是父亲在困厄中，从大量书信里，得到的激励与欣慰。"万里龙沙浑住惯，怀人忽觉在天涯"，

2008年,在温州苍南苏渊雷纪念馆举办"隆重纪念苏渊雷先生诞辰100周年"活动。苏春生与华东师范大学副校长庄辉明、华东师范大学出版社社长朱杰人,及父亲学生们一起合影

"吾身已惯波三折,放眼乾坤日月长"这些诗句,都表达了他当时的心迹,凸显了一个大写之人的胸怀。

《尚书》中曰:"功崇唯志,业广唯勤。"纵观父亲的人生经历:从热血青年,投身革命,到七载炼狱,九死一生;抗倭八载,中更忧患,直至晚年,还遭时遣,发放粟末,十年内乱,复遭冤屈,勒令插队,所更非一,艰难困苦,可想而知。命运多舛,坎坷动荡,也无法改变他对人生理想的践行和对学术创造的进取。这恰恰是他努力奋斗、自强不息与挫折、逆境不屈抗争的跋涉,真可谓是人生如歌,岁月如诗。在父亲的慈祥的微笑中,我们看不到有丝毫的哀怨,只看到生命的活力,坦荡的胸怀,敏捷的才思与潇洒的笔墨,以及对大千世界美好的憧憬。这就是我们敬爱的父亲,是我们终生学习的楷模。

在画展筹办及图录编辑的过程中,再次阅读父亲的著作,思索他不平凡的人生,我得到不少启示:第一,要敬畏历史,尊重五千年中华文化的传统,追本溯源,才有可能开创我们社会主义的新文化;第二,要感恩像我父亲一样的前辈学人,他们以毕生精力在逆境中,为我们民族文化的传承、开拓与发展而筚路蓝缕、锲而不舍地做出积极的贡献;第三,学习父亲,坚持真理,追求进步,做一个有担当、有责任、充满正能量的人。

"少年弟子江湖老",作为后辈,我亦七十有八,虽然年事已高,但初心不改,"丹青不知老将至",我愿与同道一起,兢兢业业为中华文化的发扬光大,做出自己应有的微薄贡献。我想,这才是对父亲最好的纪念。

本次展览的举办及图录的出版,得到了诸位师友同道的鼎力相助,在此我深表感谢之意!

2017 年 9 月 15 日于东京旅次

2. 母爱似海深

苏春生感受母亲之爱动情地说:"把一个人抱在怀里是因为心中有爱,那是一种深沉的爱,一种无法描述的爱,一种比所有语言的表述都要博大凝重的爱。小

2014 年,苏春生母亲百岁寿辰与苏春生一家合影

2014年，苏春生夫妇在庆贺母亲百岁寿辰与兄嫂苏智生、李慧琴（后排左三、四），大妹苏小曼（右二），小妹苏月笑（右一）一起合影

时候战火纷飞，随时要躲避日军飞机轰炸，一旦防空警报响起，母亲没一点迟缓，即抱着我向防空洞跑去，一边跑，一边安慰我：有妈妈在，别害怕！这紧张、无惧的情景一直刻印在心中。"

"母亲经常抱我，我要是乖巧，母亲还会亲我的脸蛋儿，我这时就会搂住母亲的脖子，那是一种渴望，一种依赖，一种让我终身难忘的幸福。"苏春生渐渐长到6岁时，断断续续上了近两年的学校，母亲不辞辛劳，早上背着他去学校，下午准时把他接回家。至今往事过去近80年了，但他的脑际里有时也会浮出母亲坐在他身旁看着他吃饭的场景，母亲眼睛全神贯注，口角边上露出慈爱的笑容……

2014年，母亲百岁寿辰，苏春生与兄姐妹一起举行了隆重庆贺。苏春生的儿子苏毅一家也从日本回来，给奶奶庆生。寿辰之前，共同策划，全家统一了标准的庆贺服装，精心、细致地准备了隆重的庆典。庆典上，全家老少四代人欢聚一堂，其乐无穷。老母亲尽享天伦之乐，心情非常欢乐。苏春生心潮澎湃，千感万感慈母的恩情。

2020年，母亲仙逝。

苏春生垂涕抹泪，感今怀昔，说道："母亲以高寿106岁逝世。我清楚地记得，两滴辞世清泪从慈母眼角潸然而落。"他攥住母亲渐渐冷却的手,肝肠寸断:这双手,再也不能为儿女缝单絮棉,涤垢濯尘,煮饭炊饼,烧菜做羹了。

苏春生常常真切地感到,母亲就在自己身边走来走去,好像一回头就能看见她趴在他画桌旁的窗口上,对着他说道:"要像你父亲那样,做一个有学问素养的人;要像你父亲那样,做一个'诗、书、画'兼擅有出息的画家。"可一伸出手去,却触摸不到一个实在的她!那是多么无奈和失落呀!

傅明伟庆贺苏春生母亲百岁寿辰合影

苏春生潸然泪下地说道:"我只有不懈地努力和奋斗,才能告慰父母在天之灵。"

春雨纷纷的清明,是思念的时节,慎终追远,知死乐生。苏春生长跪在父母坟墓前,余光中的《乡愁》再次映射在他脑海:

后来啊,
乡愁是一方矮矮的坟墓。
我在外头,
母亲在里头。

有人说,人的一生其实是不断地失去其所爱之人的过程,而且是永远的失去,这是每个人必经的最大伤痛。其实,人们在追忆、缅怀逝去的至亲时,椎心泣血、离合悲欢,又何尝不是在重新打量爱与生命。

电影明星亨利·方达在自传中重温了童年的记忆:"5岁那年,妈妈把我弄醒,抱到窗前,让我看哈雷彗星飞过天空。她告诉我,要永远记住它。因为,它每76年才能出现一次,而76年可是一段漫长的岁月啊!哎!这就是我现在的年龄啊……76岁。时光像哈雷彗星那样快地逝去了,可我并不认为我有这么老了。我仍觉得

2020年,在上海朵云轩举办"碧波红叶最相思——苏渊雷、傅碧韵伉俪珍藏展",兄弟姐妹一起合影

自己像个孩子,站在楼梯的平台上,眺望着窗外。"亨利·方达的自传让苏春生感慨万分!

母爱,是人类古老而又永恒的主题;母爱,是世间圣洁而又感人的旋律。试想,一个人如果不孝敬父母,能敬爱别人吗?只有孝敬父母的人,才能够把敬和爱的精神,推广到别人身上。苏春生并没有用太多华丽的语言来赞美母爱的伟大,母亲的日常生活对子女的照顾、期望,已经表达了慈母之爱的珍贵。

人类社会是一代一代延续相传下来的。每一代人的活动,都与前一代人相承相关。没有上一代对下一代的抚养教育,人类社会的延续就会中断;没有前一代人的努力奋斗,就没有后一代人的幸福。因此,我们"养亲必敬",这不仅是对父母养育之恩的报偿,也是对人类历史的尊重,对前人辛勤养育、泽深恩重付出的尊重。

2004年,浙江美术学院64届同学40年后相聚,在吴山明画室合影

3. 师恩难忘，同窗谊长

苏春生对自己的老师、自己的同窗学友有深厚的情谊，他不忘师恩，不忘同窗之情。虽然事业繁忙，但苏春生再忙也会抽出时间看望自己的恩师，凡节假日、老师生日，他都到老师府上拜访、问候。恩师与前辈谢稚柳、陈佩秋、方去疾、方增先、伏文彦、陆俨少、唐云、程十发、徐中玉、周退密等，都时时在苏春生的心中。苏春生一直关心老师们的身体健康，有的老师尽管教他的时间不长，但苏春生始终认为"一日为师，终身为父"。2009年恩师陆俨少先生百年诞辰，苏青生热情参与组织活动，并撰文怀念恩师。

2007年，苏春生赴杭州参加"潘天寿诞辰110周年暨六十年代学生作品展"与老同学张亦浩合影

苏春生对同窗学友，数十年的感情依然淳厚，他们相聚互忆往事，共商大事，互相关照。

苏春生的"雪堂"，经常热闹非凡，高朋满座。

4. 亲情浓浓

也许时间可以改变许多东西，但那些纵然久远亦不会淡忘的往事会在心中慢慢堆积、慢慢沉淀成一份最美丽的温馨，一份最凝重的牵挂，一份最宝贵的珍藏，任岁月侵蚀，心境变迁，反而愈加清晰。

往事是一帧用岁月底片洗出的黑白照片，有着"只能意会"的内涵；是心香一瓣，散发着淡淡持久的幽香。往事，使我们永远心系，永远梦萦，永远珍爱。

"十年生死两茫茫，不思量，自难忘。"苏轼的《江城子》是一首传诵千古的悼亡词，悼念的是去世多年的爱妻，却准确地写出了每一个曾经痛失爱侣、亲人、挚友的人的共同心境。

苏春生是性情中人，一辈子重情重义。

1998年,苏春生全家在黄山合影

离别的苦,包含着人生聚散不定、命运莫测,如同一面镜子,瞬间照出岁月的无情。总之,人生之所以最苦别离,正因为离别最使人感受到了人生无常。

苏春生的前妻陆惠仁,出身书香门第,在家风的影响下,从小喜读书,她和苏春生一样,从事着教师育人的职业,在华东师范大学子弟中学任数学老师、班主任。苏春生与陆惠仁经相识相知,在1971年佳偶天成。婚后夫妻间相敬如宾、琴瑟和谐。

陆惠仁在日常生活中默默地支持着丈夫喜爱的职业。苏春生因教学、写生创作,有时出远门数月,都是她悉心料理,井井有条,还不时抽出时间,探望同住华东师范大学内的苏春生父母,关心、照顾他们。对儿子苏毅的学习辅导,更是尽心尽力。因数年心力交瘁,陆惠仁疾病缠身,苏春生心急如焚、联系陪同妻子到医院治病,陪伴在旁。但终因炎症渗透到心脏,她扛不住疾病的折磨,于2005年1月医治无效而病逝。苏春生十分悲痛,想到她这么多年的辛勤付出和贡献,深感关心不够,很内疚。苏春生被尘世之苦、思妻之情折磨着,心神恍惚、苦不可言,感受到了人生无常,好长一段时间里再也无心无力作画。"料得年年肠断处,明月夜,短松冈",意谓对亡妻的追思会年复一年地持续下去,这也正是苏春生此时的心境。

　　人到一定年龄，有了一定的阅历，常会追忆逝水流年，感悟人生滋味：或酸甜苦辣，或冷暖阴晴，或风风雨雨，或坎坎坷坷……无论从哪个角度看，这时都该是人生过程中灿烂的一页。因为花枝在成熟时最美丽，大海在咆哮后最平静，阳光在正午时最为辉煌。

　　对待儿子苏毅，苏春生也怀有浓浓的慈爱之情。苏毅青年丧母，苏春生又当父亲，又当母亲，在生活上百般呵护儿子，无微不至地照料；在品德和学业方面，又严格要求，一丝不苟。苏春生深知，教子必以其道，爱子也要以其道。苏春生和陆惠仁首先做到成为儿子的表率，他们深知爱子要陶冶其品德，树立其理想，磨练其意志，鼓励其学有所成，培养儿子成为对社会有益的人。他们对儿子的态度是，该鼓励的，既便是微小的成绩也不疏忽，该批评的，既便是错别字也不放过。

　　在夫妇俩的共同培养下，苏毅衣钵相传成长为一名出色的人才，热爱书画艺术，画得一手好画。苏春生教育苏毅要有爱心，要像祖父、父亲一样有仁爱之心。在长辈的鼓励下，苏毅参加了由《文汇报》主办的"苏氏三代赈灾书画义卖展"（苏渊雷、苏春生、苏毅）。苏毅在其家风的熏陶下，已成为既懂艺术，又懂经济，熟悉管理的人才，现定居日本发展事业，任日本洗心书会副会长，协助德高望重的书法家氏家禾有先生管理书会事务，苏毅也成为中日文化交流的一名使者。看到儿子一步一步成长、成熟，苏春生倍感欣慰。

5. 大爱无国界

　　苏春生是一位心里揣着大爱的有情有义的艺术家。

　　大爱无国界，善行天下。歌唱家韦唯演唱的《爱的奉献》歌声飞扬传遍世界，感动过天下所有有爱心的人。

　　　　这是心的呼唤，
　　　　这是爱的奉献，
　　　　这是人间的春风，
　　　　是生命的源泉。
　　　　再没有心的沙漠，

1998年，苏春生在日本市川市参加"氏家禾有、苏春生书画联展"。苏毅（左二）、氏家禾有（右）画展期间合影

再没有爱的荒原，

死神也望而却步，

幸福之花处处开遍。

啊！只要人人献出一点爱，

世界将变成美好人间。

2013年，苏春生古道热肠，兴致勃勃带精心创作的《漓江之春》，参加上海宋庆龄基金会、南非宋庆龄基金会、上海王一亭艺术研究会主办的"大爱无国界——援建南非孤儿之家'中国馆'——上海书画名家精品慈善义拍"。此次活动帮助在南非开普敦巴夫莫勒孤儿院内捐助兴建一所孤儿之家"中国馆"，以帮助和改善南非孤儿的生存状况。这所孤儿院还将设置教室和活动场所，供孤儿学习一定技能，使其成为社会有用之材，从而推动人类文明事业进步。

苏春生作品《漓江之春》中秀甲天下的桂林漓江风物在他的笔下意境典雅雍容，内蕴丰富，凸显了"诗中有画，画中有诗"的诗情哲理元素，受到各方好评。

莎士比亚说，慈善是高尚人格的真实标记。

苏春生说，慈善是公德，参与是本分，人人献爱心，世界就变得更好。

善良是阳光，是雨露，是轻柔的风，是甘美的清泉。

苏春生"千里送鹅毛"，情长谊深，弘扬中华民族扶贫济困的传统美德，大爱无疆，表达了中国人民对南非人民的友好感情与大爱之心。

6. 爱生如子

亲情、师情、人情，苏春生不仅对自己的家人、对师长、对同道的好友有着感人的真情，即使对于还不熟悉了解的求教艺术创作的朋友、学生，也寄托着自己的一片诚挚的心意。

毕业于华东师范大学的林健是上海颇有影响的中青代工笔画家,师从山水画大家苏春生,被业内誉为苏春生得意弟子。

林健聪慧好学,对书画有天生感悟,自6岁起作品《紫藤翠鸟》入选"第二届上海美育节大型书画展",至今艺术硕果累累。他举办个人画展,出版画册,在向艺术高峰的探索中一路前行。

林健面对赞扬声不显骄,他"师之德重于乾坤,弟子事师不敢轻慢",认真努力地学习、钻研。他说:"终身奉道,以报师恩",才是真正尊师重道、修身立德的要法。他回忆在老师的培育、帮扶下一路走来的艺术探索历程,写下感恩老师的短文:

当年在华东师范大学就读,拜入苏春生"雪堂",缘于2000年10月哲学系邵瑞馨教授之荐。我虽自幼习画,但是没有经过系统学习,学画亦甚艰辛。邵老师说:"你如此喜爱国画,给你介绍一位老师如何?"没等老师说完,我喜不自胜,兴奋地答道:"太好了,太感谢老师了!"当时被举荐者一为著名花鸟画名家,上海中国画院吴玉梅画师;一为著名山水画家,我们师大艺术教育系主任苏春生教授。苏教授家学渊源,且为陆俨少弟子。当时我心意山水画,故即答要学山水,愿为苏先生之弟子。

是日我奉举荐书前往艺术教育系拜谒苏春生老师。苏老师蔼然可亲,我乃诚惶诚恐,怀揣不安之心,奉上拙作三幅《牡丹》《落墨荷花》《虎》,

2019年,苏春生参加学生林健个人画展时与林健等嘉宾合影

林健工笔花鸟画作品

不知先生看后会作何评价。苏老师仔细看后对我说："不错，目前如你般年龄能够如此喜爱绘画的较少，这是我的名片，可与我联系。"我听后如释重负，这是我习画以来第一次听到一位老师对我画作如此肯定，我深受感动。然苏老师没有正面告知是否接受我，甚为忐忑。我暗自发愿，若拜得苏老师为师，我定得勤奋学画，不负老师之教。

一月后，我打电话给苏老师，苏老师让我去他家学习，并嘱可再带些习作及书法作品。

至此，我正式拜入苏老师"雪堂"，为"雪堂"入室弟子，苏老师教之一石、一叶、一枝、一树、一水、一泉、一瀑布、一云、一霞，授业解惑，我则如饥似渴浸淫其间，如坐春风。苏老师不但教我山水还指点我花鸟，数十载在"雪堂"的勤学苦练、日就月将，我画艺大进。然苏老师说我还有待进一步学习，要想卓尔不群仍需业精于勤，推陈出新，走进大自然，以大自然为师，从不同山川景物的形态表现方面入手，提升自己表现对象的能力，提高自己的眼界、胸襟，提高素养。可见苏老师要求之严和对我的期望之高。苏老师的谆谆告诫，使我受益匪浅。苏老师嘱我精心准备，可开个展，这是对我的鼓励和厚爱。

2019年11月9日，"宋韵·澄怀——林健工笔画展"在朵云轩开幕，嘉宾盈座。画展展出了山水、花鸟作品60余幅，这是我人生中第一个画展，意义非凡。

画展是日我暗发心愿，百尺竿头更上一层，不负师教！

我为"雪堂"入室弟子，是我和苏老师的缘分，亦是我的福分，当是我人生最大之幸事！

苏春生有数不清的"不见面的学生"，分布在全国各地。

"我看青山多妩媚，青山看我亦如是"，苏春生塑造了具有独特韵味的"苏式黄山画风"：深峭、婉转、高远、宏阔，温润秀美，空灵奇迈。中央广播电视大学为此拍摄了《苏春生画黄山》8集专题片，凝聚了苏春生半个多世纪丹青生涯心得的《黄山写生要法》《中国水墨山水画教程》《中国画山水技法教程》，成为广大山水画爱好者不可多得的"不见面的老师"，真可谓"桃李满天下"。

住在武汉的杨长生，早年喜爱国画，先学花鸟画，后逐步将立足点转到山水画，他痴情于黄山秀丽景色，对苏春生创作的黄山系列组画敬佩有加，曾三上黄山探奇撷秀，观景写生，并以苏春生出版的画册、教材为指南，边学边画，日积月累，画艺长进，曾获得2002年"华夏杯"全国中老年书画大展赛精品奖。在中国教育电视台播出《苏春生画黄山》专题片及教材画册出版后，他自购画册及光盘，又怀着求师心切的心情写了一封信给苏春生。

> 尊敬的苏教授：
>
> 我是一位退休职工，退休后一直在华中科技大老年大学国画班学习。出于对山水画的兴趣，逐步把重心移到画黄山上。自购了您的光盘和书后，一直在模仿苦学。今天邮寄的画册是个人的习作，很大一部分是临摹您的作品。该画册不是出版物，只是我印刷厂的熟友帮忙印刷的。我也只能赠送亲朋好友，今寄上给您，是想得到您的指教，不知我的愿望能否达到。
>
> 另外，像我们这样业余爱好者可否参加某些专门画黄山的有益活动，望您能给介绍一下，以便我去联系，使自己在画技上不断提高，更加丰富自己的退休生活。

他在信中言语朴实，坦露心迹真实。类似这种求学求师的山水画爱好者信件，从全国各地陆陆续续寄往上海华东师范大学艺术教育系苏春生的教学办公室。面对多达几百封信，苏春生都根据信中陈述的不同情况，分别一一给予答复，不厌其烦，受到了各地学生们的称赞和感谢。

华东师范大学设计学院首任院长、名誉院长王大宙教授，20世纪70年代末在上海轻工业专科学校美术系学习，当时苏春生是班主任。他在求学期间和苏春生结下很深的师生情，尽管他现定居美国，而且是一位颇具影响力的书画家，硕果累累，但回国举办画展，都是先请老师指教，邀请出席画展，体现出尊师爱师的学者风范。他忆起学生时代的求学经历，感恩心里永远装着学生的苏老师，写下一篇短文《心里永远装着学生的老师》，记叙了苏春生作为班主任、山水画老师在教学上点点滴滴的往事。

美国教育心理学家杰罗姆·布鲁纳曾说过："教师不仅是知识的传播者，而且是模范。"我的大学老师苏春生正是如此，苏老师不仅给我们传授了知识，而且教给了我们做人的道理；更可贵的是，老师还给我们做出了榜样。

记得1979年9月初，我们的班主任——苏老师，在新生开学典礼前先召集班干部开会，这是我第一次见到苏老师。或许是因出于名门之家，他不仅给人有一副温文尔雅的旧知识分子模样，同时还能感受到一种"老上海"的"贵族"气息。在学生们眼中，苏老师总是满面春风、笑语盈盈，我觉得苏老师骨子里、家传中（苏老师之父亦是佛教界人士、与佛教协会会长赵朴初相交甚密）深得佛教之真谛，与人为善，这亦是苏老师画画、养生的法宝。他的画自然大气，他的笔墨底蕴深厚，他的为人平易近人，同学们都愿意和苏老师交往，如果在同学中问起谁是最受喜爱的老师，我

1981年4月，苏春生在杭州天目山给学生作示范，前排左四为王大宙（王正摄）

想同学们会毫不犹豫地说："苏老师。"

第一学期刚结束，放寒假的第一天的早上，苏老师冒着凛冽的寒风，骑着自行车到我家，约我一起去家访班上各位同学。在家访时，苏老师跟各位家长交谈，了解每位同学的一些兴趣与志向，并做了记录，根据各位同学的不同特点，分别制定了今后几年的培养方案。

记忆中印象比较深刻的是1981年春，我们这届两个班级要去浙江杭州天目山写生一个月，为了能让同学们吃得好，住得好，苏老师带领我和二班的班长王正为先头部队，提前两天去杭州。在这两天中，苏老师不辞辛苦，日夜不停，如慈父关心子女般细心地事先安排好学生生活上所需的一切，确保同学们能愉快顺利地度过这次采风活动。

英国教育学家罗素曾经说过："凡是教师缺乏爱的地方，无论品格还是智慧都不能充分地或自由地发展。"大学毕业后40多年来我一直在自问：为什么同学们那么爱戴苏老师？ 答案是：苏老师心里永远装着学生。

中国美术家协会理事，国家一级美术师，上海中国画院画师，上海音乐学院高级研究员，上海中医药大学客座教授汪家芳感恩老师，回忆起20世纪80年代初在华东师范大学艺术教育系求学期间的往事，在《苏老师教我毛笔实景写生》一文中特别感恩苏春生带他们外出对景写生。他在苏春生教导下学习用毛笔水墨写生，也由此开启了他绘画创作的人生之旅。

每次驱车从上海内环高架途经华东师范大学，心中的自豪感与留恋情怀，油然而生。犹如向前涌动的潮水，也仿佛是蒙太奇式的瞬间切换，将我的思绪带回到了20世纪80年代。俱往矣！30多年前同学之间的纯厚友谊，以及单纯和欢乐，还有许多老师的真诚教诲与殷殷指导，7年光阴镌刻的蹉跎岁月与美好时光，历历在目。

20世纪80年代，我考入华东师范大学艺术教育系。记得，当时华东师范大学的艺术教育系组建才1年，教室是在原华东师范大学第二中学几排老式的建于50年代的苏式平房里，紧邻金沙江路。以今天的眼光看来，当时的教学条件与科研设施属于比较简陋的。然而，系里各个学科的任课老师，在全国和上海市均为非常优秀的。

入学华东师范大学艺术教育系的第一年，学的是文化公共课程。由于归类于师范类的培养模式，所以各个画种，包括素描、中国画、油画、水彩、版画等美术科目，以及书法、篆刻等相关科目，都必须学习。到了第二学年，学生得自选专业。我毫无疑问地选了国画专业。由于入华东师范大学就学之前，我曾随张大千先生的弟子顾福佑老师学艺多年，师范类国画专业中的人物、山水、花鸟科目，基本都有所涉及，对国画专业可谓是情深深、意切切。记得，当时系里安排教授人物画的老师是陈心懋，教授山水画的老师为苏春生，教授花鸟画的老师是金正惠。我主修方向虽为山水画，但人物与花鸟画的学习和创作，从那时起也一直延续至今。

还清晰地记得，第一次见到苏春生教授时的场景。中等的身材，穿着简朴，面带微笑、和蔼可亲，他是一位极其富有修养的谦谦学者。苏老师早年毕业于浙江美术学院（今中国美术学院）中国画系，师从国画大师陆俨少先生。在那时，苏老师的绘画技艺与成就，已是蜚声海内外。而他在教学过程中自始至终贯穿的"大匠能与人规矩而不能使人巧"理念，让我受益非凡，至今念念难忘。

苏老师的山水课徒稿，是我们山水画教学体系中较为基础的一部分，另外还包括写生稿"几张大画"，据说是当时系里去广州购买的日本二玄社高仿复制的宋元代表作等，构成了一套完整山水画的教学体系。细心教学过程中，苏老师发现我有山水画的基础，而且师承有序，脉络较为正统，在我临画课徒稿几个月后，便对我"开小灶"，嘱我直接去临摹室，对临宋元乃至明清时代的名作。就在那段时期，在苏老师的精心指点下，以对临与背临的方式，我深入学习了数十幅前贤经典之作，尤其是元代画坛巨匠王蒙的《青卞隐居图》，至少临画了5遍，记忆非常深刻。及至今日，我的画室还留存一幅当年临摹之作，每当翻检浏览时，总会想起那段美好的学习时光。

苏老师山水画专业教学中，除了谆谆教导我们对传统优秀作品细致临摹之外，还十分注重并强调临摹与写生的相辅相成关系。授课期间，他几乎每年会安排我们一到两次外出写生。记得第一次写生，是去了浙江省的诸暨五泄。当时，我由于还没有用毛笔直接写生的经验，写生过程还是采用水笔。当看到苏老师直接用毛笔在画稿上对景写生，寥寥几笔错落有致的勾勒，信手拈来，浓淡墨韵与线条之变化丰富多彩，熠熠生辉，我在一旁看了直发愣。苏老师见状说，临摹与写生直至最后作品创作，其实是相互转换的训练，丝丝相扣，边说边随手给了我几张从日本购得的卡纸，嘱我大胆操练。于是，我模仿老师写生的方式，画了人生第一张实景水墨写生。虽然画面很是幼稚与粗糙，但真实记录了我在老师教导下毛笔水墨写生的开端，也由此开启了我写生绘画的人生之旅。

光阴如箭。毕业后离开校园已逾30年，然而，苏春生老师对我的绘画教导以及写生创作之经历，仍深深地影响并恩泽于我。回望7个年头的本硕阶段学习，我对母校华东师范大学心存崇敬之情，对曾经教导我的诸位老师心怀敬仰与感恩情愫。长期的笔墨实践，使我的笔下渐成自我独特风貌的绘画方式与笔墨语言。这些年来，我铭记老师的教诲，常年不间断地在山山水水间长途跋涉，足迹遍布中外名山大川与"红色纪念地"，创作并积累了近万张写生作品。那些或为巨大尺幅泼墨山水，或属盈盈掌间细笔勾勒的明信片，或集合百幅以上主题系列画稿，或为数十米横幅长卷，均记载着我践行的初心。我始终将自身发展置于应有的坐标系、参照系来考量，不懈追求，志存高远，勇攀高峰，在实践中矢志创新，推动自身发展，不断攀登、提升、超越。

为什么海内外有那么多人慕名愿意拜苏春生为师呢？

《史记》中有这么一句话，"桃李不言，下自成蹊"，意思是说，桃树和李树，一点也不会替自己宣传，但它们美丽的花朵、甜美的果实，自然而然地吸引人们前来从而聚集成一条道路。苏春生作为一位知名画家，并没有自我宣传，但是他行为端正，与人为善，品质高尚，以仁待人，再加上画艺高超，人们自会慕名而来，蜂拥而至。每个人应像苏春生那样，不必过多自我宣传，只要从善如流，有学识，有善心，助人为乐，人们就愿意接近他、爱戴他。

7. 海内存知己，天涯若比邻

友谊在人生旅途中激人奋进，是人类最美好的感情之一。友谊是高尚人格的体现，真正的友谊是人与人之间心灵相通，亲密往来。这种友谊的特征是：在思想上互相帮助，在品行上互相砥砺，在学问上互相切磋，在事业上互相支持，在生活上互相关心。它最鄙视的是把人的尊严变成交换价值，要"结有德之朋，绝无义之友"。

心灵相通是友谊的桥梁。只有心灵相通，才能成为知音，使友谊达到完善的程度。中国的交友之道源远流长，从古至今传颂着多少朋友情谊的佳话：俞伯牙与钟子期、管仲与鲍叔牙、林冲和鲁智深、鲁迅与瞿秋白……珍惜朋友的人，他的人生就多一份快乐，多一份充实。

苏春生和著名诗人、学者、中华诗词学会名誉副主席、上海文史馆馆员田遨先生的情谊源自其父亲苏渊雷先生，每年节日期间苏春生都会去探望田遨先生，延续着君子之交，清风高谊。2011年，苏春生去探望已年高94岁的田遨先生，宾客之间欢声笑语，其乐融融。

田遨先生说："渊雷公为余前辈所谓平生风义师兼友者，春兄雪堂教授是名画家，其子苏毅亦矫矫不群，三代名家后先济美，奉俚句聊表鄙悃耳。"他在书房写下诗句，表达了对苏渊雷先生的敬重，称赞了苏春生及其子苏毅：

钵水斋名天下闻，苏家三代有传人。
中华命运关文脉，亟待弘扬万古青。

苏春生珍重友谊，怀着爱心而播种，怀着感情而耕耘，怀着喜悦去收获。

人需要交往，只有通过相互交往活动，才会产生良好的人际关系，才能彼此通力合作，才能使我们生活在一个和谐、友好的大家庭之中。孔子说"上交不谄，下交不渎"，意谓人们在交往中既不低声下气，又不高傲怠慢。苏春生故旧不弃、道义之交、清风高谊的交友之道，传续着友谊之情。

随着苏春生山水画创作崇古出新，特别是画黄山形成了独特的"苏式黄山画风"等在艺术创作中出色的成果，交往的友人日渐增多。其中有日本、美国、新加坡、奥地利、加拿大、德国、韩国、澳大利亚等国企业家、大学教授及书画界同行朋友，艺术家也需要友谊，友谊不分国界。

苏春生与日本书法家氏家禾有先生的友谊结交颇有缘分，氏家禾有是日本有影响的书法家，是日本洗心书会会长、洗心水墨画会会长，谦慎书道展评议员，滕华书道院主宰。他从20世纪40年代起研习书法，50余年来临池不辍，对晋唐以来诸大家皆有涉猎,尤喜董其昌,功力深厚,以行草名于世。注重运笔用墨,在线条的抑扬顿挫中,在墨色的干湿浓淡中透出韵味。书风朴实中寓飘逸,潇洒中含古拙。

氏家禾有好学不倦。1992年,曾以近70岁高龄入上海华东师范大学短期留学,从著名学者苏渊雷教授学习史学、书法,从苏春生学习山水画,结下师生之谊。尔后深感研习中国书法,不可不学中国水墨画,于是涉入丹青世界。由于他对中国书画传统和中国文化有深刻的认识与理解,故画技进步很快。所作水墨画虚实相生,空灵秀逸,以中国文人水墨画的笔墨表达出日本民族的审美内涵。他对黄山有着深厚的情感,曾4次上黄山,观奇峰异石、烟水云林、苍劲如虬的松树。

苏春生是中国山水画家,画黄山是继前贤刘海粟、陆俨少等大师后在当今最为著名的。氏家禾有对苏春生的"苏式黄山画风"尤为叹服,苏春生又是其师苏渊雷先生的哲嗣,也是求师的师长。两位中日艺术家有缘,意气相投,一见如故,随着交往,友谊加深,成为探索艺术、研究中国优秀传统文化的知友。

20世纪80年代改革开放大潮中,苏春生有幸被推荐,于1983年9月随上海

1993年,苏春生、苏毅与日本书画家氏家禾有在黄山合影

生活文化交流团赴日本横滨友好城市交流。他参观了日本现代工业发展，了解了日本的传统文化，交往了许多日本友人，开拓了眼界，扩大了心胸。1992年10月受日本友人寺田由一之邀，赴日本仙台博物馆，举办"苏春生黄山精品展"在业界引起轰动、关注。氏家禾有前来祝贺并和苏春生谈艺论道，并陪同他参观日本人文胜景及欣赏日本山河自然景观，相约在黄山举办"氏家禾有、苏春生黄山二人展"，留下了中日两国人民友谊的佳话。

苏春生多次受邀去日本举办画展。1996年，日本《日本水墨画》季刊75期专题介绍苏春生的绘画成就及"中日书画联展"。1999年，世纪之交，"氏家禾有、苏春生二人画展"如约在日本千叶和中国上海、黄山巡回展览，把中日两国人民的友谊推向了高潮。千叶、上海、黄山等地的新闻媒体、报刊都作了追踪报道，至今在中日两国人民之间仍传为美谈。

苏春生国内的友人更是遍布各行各业，人数众多。苏春生礼貌待人，诚恳和气，谈吐文明，举止谦恭，对来访的友人无一不是"诚于中而形于外"。他经常挂在嘴边的一句话是引用古代荀子的"人无礼则无生，事无礼则不成"，因此家中常胜友如云，高朋满座。人与人之间相互尊重，在交往中创造出一种文明、和谐的气氛，这样的交往不仅带来愉悦、事业收获，也留下了不少趣闻佳话成为业内美谈。

苏春生重祖国情、亲情、师长情、朋友情、爱情、学生情，对世界充满爱，对人生充满情。

八
授业解惑，桃李天下

朱子曰："知行常相须，如目无足不行，足无目不见。论先后，知为先；说轻重，行为重。"

教人教心，浇花浇根。教育的关键，在于启发人的自觉性。

教育在于发掘和培育人的卓越品性与能力，因此一定要讲究方法和手段，用理想的教育实现教育的理想。

1964年,苏春生从浙江美术学院毕业,与同学金正惠一起分配到上海轻工业局上海华丰搪瓷厂从事产品设计工作。厂里有一个不到30平方米的设计室,堆满了画纸,苏春生每天在这儿构思创作,画画,一画就是半天。尽管分配在搪瓷厂工作有着较多说不清的缘由,但他还是充满激情地迎接新生活的开始,兢兢业业工作。

苏春生爱山水,与山水心心相印,以至于在接受工人阶级再教育,改造世界观的同时也画山水,初心不忘,笔底斑斓。

苏春生为搪瓷洗脸盆设计一幅"桂林山水"水墨画,桂林景色秀丽甲天下,这面目一新的洗脸盆在各个百货商店展示,出乎意料地走俏,受到消费者的欢迎、选购,一时在厂里传为佳话,受到厂领导及工人们的赞扬。苏春生也成为在为工农兵服务中积极改造的知识分子典型,随之报刊也报道了他的事迹。

1978年,"文革"结束,艺术的春天到了,国家整顿、落实各项政策,苏春生调至上海轻工业专科学校美术系任教,如鱼得水。在日常教学中,苏春生注重培养学生们的想象力,首要的是鼓励他们更多地了解大自然,努力多学习优秀传统文化的经典,在学习中感受知识的神奇和美感,激发更多的创新活力。他曾参与筹办"文革"后"首

1998年,苏春生在日本洗心书会为会员示范中国画的画法

1991年，苏春生为国画本科生讲解创作

届上海山水画展"，逐渐焕发了艺术的青春和激情。

　　1984年，苏春生调入华东师范大学，参与筹建艺术教育系，成为一位艺术系教授山水画的老师，从此开启了在高等学府教学与艺术创作的生涯。苏春生搞艺术的空间更加宽广了，他把自己所学所得的画画经验无私地传授给学生，与学生一起写生、创作、交流。

　　苏春生认为，学习中国画尤其是山水画，在掌握笔墨技巧的基础上，临摹古代名家名作是第一步。

　　苏春生提醒学生，每幅画都有它的可学之处，如结构布局、笔墨皴法等，尤其是古代大家的画，都具有极高的艺术水准和审美价值，必须用心发掘，认真揣摩。学习中国画虽然必须从临摹入手，要博采众长，但也有可能会坠入泥古不化的歧途，因此他又提出必须师法自然，就是作为一个学生你必须到大自然的怀抱中去写生体验，去感受自然，这样你才有可能打好基础，成为一个真正的画家。

　　一件好作品，在技法上总有它的长处，也一定有不足之处，所以第一必须要有辨别优劣的能力，看出哪些是它的长处，哪些是它的不足之处。要择取其可以吸收的东西尽量吸收过来，加以消化，成为自己的血肉。其间一定要有选择，注意吸收的方法。临画是重要的。临画不是一树一石，照抄一遍，这样的临，益处不多。必须寻找其规律及用笔用墨的方法，问个所以然：为什么要这样？悉心揣摩，把他的长处，成为我的长处，方见成效。

苏春生对写生，对画家必须走进大自然，有非常深刻的感受。

苏春生认为，中国画需要的就是画家的感受。这种感受就来源于

苏春生荣誉聘书

不断走进大自然，以大自然为师，写生；以大自然为友，收集素材。结合从学校和书本中获取的各种知识，共同塑造自己对世界的想象。通过手写心记，我们从广阔丰富的现实生活中汲取真实有趣的题材，从而解决作品从生活实践中来的问题。写生不单是一个深入认识的过程，更是一个锻炼技法的过程，也是生活提炼为艺术的过程。在大自然中深入体察，细心选材，认真描绘，只有坚持不懈，才会得到提高，达到心手相应、气韵生动的境界。他谆谆提醒学生，缺少写生的经历，没有深入自然，就无法创作出别具一格的作品来。古人把写生称为"师法造化"。宋代大画家范宽说："师古人不如师造化。"写生就是师法自然加深对实景的感悟。外出写生，行万里路，不可将实景生搬硬套地反映到画面上去，古训"入格以求，出格以创"，即要跳出实景的圈子画自己的画。

苏春生把自己成功的经验传授给学生。他教导学生要多

2000年，中国教育电视台在黄山拍摄"苏春生画黄山"

1987年，在日本横滨国画学习班上，日本学员向苏春生赠送学员签名感谢

看书，尽量多学习，钻研我国优秀的传统画理，他说："许多山水画名家大师就是学习了从古至今许多山水画艺术的特点，在创作表现上获得提升，而获得艺术创作的丰硕成果。"

苏春生相信，时代在不断进步，艺术环境越来越好，期待会有越来越多的喜爱山水画的青年人才加入传承创新的艺术阵营中来。

"成为一名艺术教育系的教师后，我无数次问自己：教学究竟是什么？怎样教才是最有效的？随着教学改革的开展及自己不断地学习、钻研，渐渐意识到：仅在山水画的教学圈子里打转是不够的，需要让学生和我一起全方位学习优秀传统文化、绘画经典理论、山水画传世名画并进行作品研讨，选定话题确定目标，在交流时用问题引发学生体悟，鼓励他们走进大自然，感悟大自然，以大自然为师，把学生引领到书籍的世界里，用知识开阔眼界，用经典浸润心灵，鼓舞学生加入承继中华优秀传统文化、探索山水画创作，创新的进程中去，同时也感到，这正是教育的重要意义之一。"苏春生如是说。

2007年，苏春生在与金正惠等合著的全国普通高等学校美术基础教材《中国画》里说："写生，就是面对自然物体认真描绘，亦是学习山水画的重要环节之一，主要是为了搜罗创作素材，熟悉大美河山的体貌特征，培养和训练对大自然景物的观察体验和表现能力。"

在学习传统方面，苏春生赞同黄宾虹所说的："用力于古人矩矱之中，而外貌脱离于古人之迹，此是上乘。"临摹古人的作品，并非创作，但亦为创作必经阶段。纵观名家、大家笔墨，常有一种雄伟沉着之气在笔墨外，即南宋刘松年、赵千里，亦奇伟古厚，无落花流水纤谨迹象。今人作画，不能食古不化，要出古人头地，还需别开生面。画家要想创作有新意、有时代感、有所突破的作品，必须从生活中汲取养料，获得感受和构思，渐渐地酝酿而成。

苏春生认为：山水画学习的方法，起手不外临摹，从中可以得到传统的技法。临摹要有好的本子，起步不高，终身受累。因为我们知道临像一家不容易，临像之后，再要不像，所谓"入而能出"，更加困难，所以第一口奶很是要紧。

苏春生在教学中，经常提到在浙江美术学院求学时，恩师陆俨少先生在创作、钻研山水画的方法、理念方面给他的影响甚深，他结合恩师的教导和自己的艺术实践体会，对学生进行传授：看一幅画，拿一个标准去衡量，即看它的气象、笔墨、韵味，看它的构图皴法是否壮健，气象是否高华，有没有矫揉造作之处，来龙去脉是否交代清楚，健壮而不粗犷，细密而不纤弱。看它的笔墨风格既不同于古人或并世的作者，又能在自己的风格中，多有变异，摒去陈规旧套，自创新貌。而在新貌之中，却又笔笔有来历，千变万化，使人猜测不到，捉摸不清，寻不到规律，但自有规律在，要有韵味。

师法大自然、师法古人可以省去很多气力，这个借鉴的有无，差异极大。但是停留在古人的技法上是不对的，必须有所发展创新，这就需要师造化。毕竟我们要描绘祖国的大好河山，随着人类社会的发展，不仅人们的审美要求在发展，而且自然界也在不断地变化，所以画山水，必须到名山大川中，看到新建设以及山川变异，来创作我们的画幅。对景写生，要求不同，不必记录整个景物的位置

1997年，苏春生参观小学美术课，并辅导中国画画法

苏春生 《石钟烟雨》

结构，其着眼点在探索反映对象的技法。即看到一丛树，甚至一棵树的节疤，一个山的面，土山或是石山，怎样去表现，才能得到它的质感、空间感，以及它的精神，怎样用有限的笔墨，去抓住无穷的形象，在实践中如果得到一些收获，那就是在技法上的创新。

绘画是形象思维的产物，要靠形象来表达作者的思想感情，世界观和时代的脉搏相和谐了，就自然而然地主观地要求创造新的形式来适应新的内容。创立新技法，创立前人所没有过的新技法，才能体现出新的时代精神。自古作者，能自成名家，代表他们所处的时代精神者，都有所创新，创新越突出，就越能和时代精神共脉搏、同呼吸。画要新颖。自古大家，无有不创新者。创新愈多，后人对他的评价愈高，他的作品的艺术价值和社会价值也愈高。有了创新的主观愿望，学了传统，从传统中可以得到许多借鉴的东西，才可能传承。

苏春生在传统与创新两者关系上有着精辟的见解。他认为，如果不在传统的基础上扎下结实的功夫，来谈创新，这个创新也是无根之木，无源之水，是站不住脚的。文化是积累而成的，不能中间割断，是在对大自然有所了解的基础上，再进一层，得到新的发明创造，决不能只凭一个人的凭空臆造。

苏春生非常赞同爱因斯坦的观点，即知识越多，想象力越充沛。就像一个圆，圆的里面是一个人拥有的知识、对世界的认知，圆的外面则是想象力。圆越大，圆的周长越长，"圆"内触及的知识世界越广阔，圆外的想象力世界就越丰富。绘画离不开想象力，想象力离不开知识这个出发点。

苏春生非常赞同张大千画家当以造化为师的观点。张大千曾言，画家当以造化为师，画家当以天地为师，不可拘泥一格。美是什么？它是自然之物，是亘古不变的自然之体现。"天地有大美而不言",它们存在于大自然的日月星辰、花鸟虫鱼、清江春水、天外彩霞、山涧鸟鸣中,这些渗透着情趣与生命的玄机。唯有净化的人、淡泊的心才会感受到其中的美。陶冶心灵,触动灵魂,发现真谛,找寻精、气、神。只要坚持做自己喜欢的,去挖掘,去发现,美就是一种造化。

苏春生非常赞同谢赫的"六法",尤其赞同作画应"气韵生动"。

自南朝齐梁时期画家谢赫提出"六法"以来,"六法"就发展为中国绘画的审美核心,尤其"气韵生动"更是被奉为圭臬。六法即:气韵生动、骨法用笔、应物象形、随类赋彩、经营位置和传移模写。气韵生动是中国画的最高审美标准,画家只有具备高深的艺术修养、精妙的构思和高超的笔墨技巧才可创作出气韵生动的艺术作品。笔墨生动然后使作品气韵生动。黄宾虹曾有诗云:"沿皴作画三千点,点到山头气韵来。七十客中知此事,嘉陵东下不虚回。"

苏春生经常将自己看过的宋代画院的故事讲给学生听。宋代画院中的画家在宋徽宗赵佶的提倡下,非常重视写生和默记。直至近代,有名望、有建树的画家都很重视写生,提倡写生,如齐白石、徐悲鸿、潘天寿、陆俨少等。历代画家创造和发展的师法造化这一优良传统,代代相传。苏春生的精辟演讲吸引了校内众多的学生,吸引了全国各地来华东师范大学进修的学生,他的办公室经常门庭若市,求取他与艺术系金正惠合作编写的《中国画》一书学习。很多学生至今活跃在美术界,其中有美术家协会理事、有美术馆馆长、有大学美术学院院长和教授等。

苏春生在教学中,不仅讲解画论,启发学生思维,还带领学生走向大自然,感受大自然熏陶,赴云南昆明和西双版纳、广西桂林、浙江杭州,去泰山、黄山、庐山、雁荡山等名山大川实地写生、考察,探索反映对象的技法,怎样去表现,才能得到它的质感、空间感及其精神,提升艺术修养。

走近大自然观察、写生的经历,也有难忘的一幕。有一次,苏春生和金正惠代表华东师范大学艺术教育系到青岛出差,其间,受邀与同学们到海边写生。正观察着水天一色、云兴霞蔚的景象,没料到"气象万千"变化很快,先回岸上的同学,没有告诉苏春生要涨潮了,此刻苏春生正手握相机兴致浓浓地拍摄水光云影之美景。青岛海潮涨得极快,顷刻间海水涌到脚跟。苏春生发觉后即转身向没被海水淹没的凸起石块跳跃过去想返回岸上,没想到石块沾上水就尤为湿滑,不慎侧身跌落在地。还好他机智地将相机快速地传递给金正惠,请他保护相机快速地向岸上走。事后虽无大的惊险,但被海水打湿的半身衣裤和急促爬起的"憨态"

苏春生夫妇与金正惠夫妇（右三、右四）、孙乃树夫妇（左一、左二）、林俤夫妇（右一、右二）合影

使岸上的同学们忍不住笑出声来，此事在同学们之间传为美谈。在以后带领学生在外写生的教学中，苏春生和金正惠也时常会提起这有趣的一幕。

这次海潮写生的情景一直印在苏春生、金正惠的脑海里，以至几十年后谈起写生的趣事来还津津乐道，其乐融融……

苏春生的学生，华东师范大学美术学院副院长、副教授郑文在谈到苏春生任系主任时所取得的教学成果时，写下《苏老师印象》一文，从中也可了解苏春生不但在教学专业上成绩显著，在教育管理方法上的求实创新也成果累累。

> 苏春生老师是我的恩师，又是我的领导。在我的印象中，苏老师为人儒雅宽厚、真诚和善，处事睿智弘达、不急不躁，我几乎从未见他动怒，任何事对他来说都可以处理得风轻云淡，一如他的山水画，雄健而灵动、流畅而峻拔。
>
> 苏老师曾担任艺术教育系系主任长达7年之久。他接任之时艺术教育系的教学秩序非常松散，教师之间的教学理念和艺术观点差异极大，很不易管理。但这7年却是艺术教育系最为平稳的时期，这与苏老师宽宏大度和举重若轻的平衡能力有关。在教学管理上，苏老师整顿教学秩序，重塑

了学风和教风,从而保障了教学得以顺畅运行。在专业建设上,苏老师很早就意识到师范院校的美术教育的独特性和重要性,他慧眼识人才,引进了刚从日本博士毕业留学归来的钱初熹老师,现在钱老师已是国内美术教育领域的领军人才、教育部专家。在引进钱老师的同时,苏老师重视师范生培养,调整专业课程、增加了"三字一话"(毛笔字、钢笔字、粉笔字和教师口语)、关注教育实习。在他的推动下,系里与不少具有美术特色的中小学建立了教学实习基地。这些举措极大地推动了美术教育专业发展的进程,也为华东师范大学美术教育专业成为全国的领头羊奠定了基础。

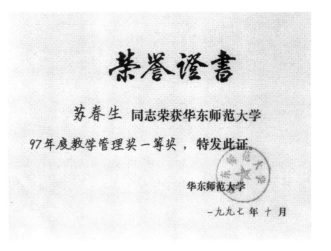

苏春生荣誉证书

苏老师的这些改革都以润物细无声的方式渗透于教学管理和专业建设中,现在看来都具有一定的超前性,这与苏老师深厚的涵养、敏锐的觉察力密切相关。

山水画家胡振郎先生晚年口述历史时,曾充满感情地谈及"文革"结束后,百废待兴,其负责开办"中国美术家协会上海分会国画创作进修班"的往事:

  1983年,上海美术家协会开办了"中国美术家协会上海分会国画创作进修班",地点在上海凤阳路一所小学里,按计划开设人物画、山水画、花鸟画三个画种,从师资和场地考虑,准备招生150人。结果出乎意料,第一期就招了200多人。这种进修班,"文革"前没有,"文革"时更不可能有,现在有了,一时声名大噪,报名者络绎不绝。最多时山水画同时开设三个班,花鸟画和人物各开两个班。进修班的场地是租借的,老师是聘请的,人物画老师有张桂铭、梁洪涛等人。我是总负责,兼教山水画。又请华东师范大学教师苏春生和黄浦区少年宫美术辅导教师罗步臻来教山水，金正惠、钱行健、应鹤光教花鸟。

当年的进修班，为"文革"后的上海业余美术界，培养了一批人才，后来有的人就此走上专业道路。现任上海美术家协会的常务理事里，就有进修班培养出来的。

当年的学生，上海视觉艺术学院美术学院教授孙乃树在忆及自己学习艺术经历，感恩老师的《永远的导引——记上海美协中国画进修班中的苏春生先生》一文中写道：

正式学习中国画是从上海美术家协会举办的中国画进修班开始的。

我少年时代就喜欢画画，就做着当艺术家的梦，可是由于"文革"停学等诸多原因而终不得其门。改革开放百废待兴，1978年、1979年上海美术家协会举办的第一届中国画进修班带我迈入艺术之门。

进修班由当时上海中国画界最活跃的一批中坚画家担纲，美协的胡振郎先生主持。苏春生、罗步臻、胡振郎任山水画教学，金正惠、陈世中、钱行健任花鸟画教学。这才有了我跟苏春生先生正式学习山水画的开始。

可以说，我的所有的中国画基础都是苏春生先生亲授的，我对中国绘画艺术的了解都是从苏先生这里起步的。苏先生有深厚的中国文化的家学和师授的渊源，他毕业于20世纪60年代初的浙江美院中国画系，得陆俨少山水画真传，因此有着纯正的中国画传统的根基。苏先生精于笔墨、谨于教学。几年的教学中，他始终抓住中国画笔墨这个核心，深入浅出，循序渐进，带学生渐入中国山水画的核心技巧和核心价值。他的教学又不止于技，在对历代技巧的教授中，引我们体会、感受、学习各代画家的方法特征，从中领会文化的意蕴。他的教学对当时我们这一批初学山水画的年轻人，有着极强的吸引力。纯正的传统山水画知识和技巧使我们的学习路正而情切，既深深地爱上了山水画，又重重地切入传统文化的脉搏。从我的艺术学习和艺术史学术研究的历程中，深切地体会到我对中国传统艺术的理解和体悟都离不开苏先生最初的面授与影响。那种文化的浸润和渗透，那种对中国绘画的独特感受和技法领悟都不是中国艺术研究可以缺少的，可又不是可以轻松随意获得的，我深深地感恩于苏先生在进修班时清风拂雨般的教学。

至今,我们当时进修班的几十位学员都仍在从事着山水画的创作,更使我们骄傲和欣喜的是,我们中的很多人日后真正走上了专业的艺术道路,很多人至今活跃在美术界。有美术家协会理事常务理事,有美术馆馆长,有大学美术学院院长、教授,有著名美术家。

20世纪80年代初上海美术家协会国画进修班的学习经历是我艺术生涯的永远的记忆和财富,苏春生先生是引我走进艺术、带我步入学术研究之路的导师。

上海嘉定区政协副主席、区文联主席、上海美协常务理事、上海陆俨少艺术院院长、钵水斋上海山水画研究院院长王漪,在忆及自己学习艺术的经历,感恩老师的《忆苏师》一文中写道:

记得1983年我从一则报纸广告上得知,上海美术家协会要举办国画进修班,并分设山水花鸟两个科。尽管那时我已经画了好多年山水,但还是怀着忐忑的心情去报了名,通过考试,很幸运被录取,并被分到苏春生老师的山水班。

我那时20岁刚出头,苏老师也40岁刚过。他长相白净清秀,举止儒雅谦逊,性格温和低调,行事严谨。

我记得那时课程是一周一次,地址在黄浦区凤阳路小学,内容也很丰富:有临摹、创作、作品点评、创作示范、同学互相交流,有中国画理论以及古典诗词,同学们学得也很认真、很努力,大家都怀着强烈求知欲,拼命汲取艺术营养。

由于那时可供临摹的出版物很少,每逢上课,苏老师便会把他自己绘制的一批课徒画稿,用塑料纸包好,带来叫大家临摹。

苏老师为陆俨少先生弟子,传承正脉,注重传统,讲究笔墨。在同学们临摹的过程中,苏老师如发现问题会及时示范修正。

记得一次去镇江的写生课,苏老师面对眼前景色,就如何写生、如何取景、如何用笔用墨等,都给大家一一作了生动的诠释。

虽然只有一年时间,但其中很多学生后来成为了上海山水画的领军人物，我想这就是苏老师的初心。

苏春生在进修班授课影响很大，直至现在还有当年教过的学生，在节日期间前来祝福老师，感恩老师，与老师共叙师生情，共谈艺术。

1997年9月"华东师范大学教师美术作品展"，在美国费城维拉诺瓦大学展出并举办介绍中国艺术的讲座。维拉诺瓦大学艺术系与华东师范大学艺术系是友好交流系，邀请了苏春生与孙乃树同去。在举办的讲座中，苏春生介绍了从公元前4000年仰韶文化时期彩陶上的刻划符号，到公元前2500年前的大汶口文化时期的陶器上结构复杂、造型美观的文字刻符，到19世纪末发现的甲骨文，可见公元前1000年的书法已达到相当完美的程度。从秦朝的统一文字，到我国保存最早的文人墨迹——西晋的陆机《平复帖》，再到中国书法影响最大的王羲之等，中华文化培育了中国画，使绘画在多方面适应并促进了中华文化的发展。还讲解了山水画是中国画特有的门类，它是在中国画发展中走向全面成熟后借山水作为题材而进行艺术创作的绘画门类，而不是以描摹自然景色为目的的"画山水"，列举了从古至今

1989年，苏春生在上海金沙江大酒店庆贺50岁生日时，与方增先老师、胡振郎、金光瑜、金正惠、张桂铭等同学及汪大文合影

1996年，苏春生在加拿大温哥华为华人学生讲课

的山水画大家在艺术上的成就和贡献。讲座还简要叙述了书法、绘画在历史进程中的传承与演变，娓娓道来，给美国艺术系学生上了一堂了解中华民族优秀传统文化的精彩有趣一课，受到学生的热情欢迎和称赞。其间，维拉诺瓦大学艺术系又热情地安排了去华盛顿参观国家博物馆，欣赏了西方古近代的艺术珍品。第二天，又去了纽约参观大都会博物馆和古根海姆艺术馆，观看了西方古代以及近现代作品，深入了解现代艺术的发展轨迹。苏春生高兴而又兴奋地说："此次展览、讲座不但传播了东方文化，同时也看到了西方古代和近代艺术作品的实物，等于上了中外美术史一课，收获满满的。"苏春生在美国费城维拉诺瓦大学被授予客座教授，至今，美国学生还来信求教艺术创作上疑惑不解的难点，保持着难得的师生之谊。苏春生又一次担任了中外文化交流的使者。

苏春生淡泊宁静，认真绘画，实在培养学生，从事艺术创作与教育70余年。当代中国正是有着像他这样一批能崇古出新、广采博取，在中华民族优秀传统文化领域辛勤耕耘、授业解惑的可敬学者，使得中华民族文化继往开来，振兴有望。

少则得，多则惑。每个人的精力都是有限的，只有把有限的精力集中在一点上，才能干出一番事业，苏春生正是这样做的，他一辈子专画山水画。一生只要干好一件事，这辈子就没有白过，人们就会记着你，它也会成就你，"不经一番寒彻骨，怎得梅花扑鼻香"，苏春生"置心一处，无事不成"。

苏春生几十年从事教育，他教书育人，诲人不倦。他的学生遍天下。他的学生范围十分广泛：有华东师范大学的本科生、研究生，有外国留学生，有数不清的全国各地的绘画爱好者，到处是他讲课的教室。他曾多次出访美国、日本、加拿大，为美国、日本、加拿大的高中生讲解中国的绘画艺术，竭力传播中国文化、中国绘画，中国艺术。他曾多次去上海的小学给小学生辅导画法。他曾多次到文化馆普及中国绘画。他的家里也是学生常来的课堂。每次学生到访，苏春生都热情接待，耐心教导。

由于苏春生工作积极、作风正派、品德高尚、热爱祖国，努力参加教学改革，1994年，他成为一名光荣的共产党员。他因成绩斐然，多次被评为各级教学先进教师。

苏春生是名副其实的"桃李满天下"。

1997年，苏春生参加在美国维拉诺瓦大学举办的"华东师范大学教师作品展"

九
创新使艺术生命常青

著名文史学家苏渊雷说:"文化有三性:一是继承性;二是吸收性;三是创造性。继承是历史的传统,吸收是时代的潮流,创造是民族的形式。三者缺一不可。"

知古不知今,谓之落沉,知今不知古,谓之盲瞽。
——王充,汉朝哲学家

九、创新使艺术生命常青

《随园诗话》曰:"蚕食桑而所吐者丝也,非桑也;蜂采花而所酿者蜜也,非花也。"意思是春蚕吃了桑叶,所吐出来的是丝,不再是桑叶了;蜜蜂采了花粉,所酿出来的是蜜,不再是花粉了。这比喻说明了继承与创造的关系。继承,好比蚕吃桑,蜂采花;创造,好比蚕吐丝,蜂酿蜜。不吃桑,就无丝可吐;不采花,就无蜜可酿;不继承,也就无法创造。此乃继承与创造的辩证关系。创新使艺术生命长青,传统是创新的基石。

1. 学习经典,回归经典

学习经典,对于每一位成功的画家来说,都不是陌生的事情。回归经典,就不太容易了。苏春生的作品风格,源于传统,又回归传统,高于传统,这才是长江后浪推前浪,一代更比一代强。

苏春生对经典的回归,是在建立了风格之后,必是对超然于图式之上的归属于精神性的东西——审美,进行孜孜不懈的探索。真正的艺术家必是拥有丰富历史文化资源的探索者。

苏春生多年来的艺术实践成果不仅在国内展出,如在上海、郑州、南通、杭州、温州、黄山以及中国香港特区、中国台湾地区等地的书画展展出,他的作品也在对外文化艺术交流展览中展出,如在美国、尼泊尔、波兰、奥地利、意大利、日本等国艺术展上得以完整呈现。《千岩竞秀万壑争流》《漓江春水客舟轻图》《雁荡龙湫》《山水清音》《春风又绿江南岸》《雨后黄山铁铸成》《排云亭前看云飞》《云涛万顷松色翠图》《松叠千重翠》《黄山烟云》《黄山梦游图》《秋山红树图》《石猴观海》《千峰迎晓日，万壑布春辉》《黄山韵》系列及长卷《黄岳揽胜图》《林泉高致图》……均名闻遐迩，引得赞誉佳评如潮。

著名文史学家苏渊雷先生说，文化有三性：一是继承性，二是吸收性，三是创造性。继承是历史的传统，吸收是时代的潮流，创造是民族的形式。三者缺一不可。

中国悠久的绘画传统是源，中国画莫要断了中国文化的根。中国画理所当然地应该是以中华民族自身的文化体系为旨归的，其精神内核和美学标准要与中国传统文化血脉相通。中国画变革绝对不能离开中国传统这个根，无根之木是活不久也活不长的。牛顿曾说："如果我所见的比笛卡儿要远一点，那是因为我站在巨人肩上的缘故。"离开了前人的研究成果，人类的科学文化知识就不可能在一定的基础上得到发展。书画艺术同样如此，中国画就是要遵循中国画的传统。当代中国画的创作应以中国文化修养作为有力的支撑，真正成为中国文化一个不可分离的组成部分。

中国书画艺术，既是古老的，又是年轻的。它不仅在悠久历史的发展中继承着中华民族的优秀传统，同时，也十分注意吸收外来的营养，不断地革新、创造。

苏春生对当今国画的所谓"创新"有着自己明确的观点：有些作品不中不西、非洋非土，无论是题材内容还是表现手法，都远离中国文化的意韵，与中国画底蕴相去甚远，这不叫"创新"。他认为："相对于创新，今天的中国画更需要传承。这种传承并不是简单地指绘画技法，更重要的是一种对待中国优秀传统文化的态度。"

"没有传统的所谓中国画，可以叫画，但绝不能叫中国画！"苏春生一言中的，此言甚妙！

所有的艺术创作都强调作品深度与高度，缺少思想的作品从来就不可能在艺术史上占有一席之地。淘汰的就是那类轻飘飘、没分量的东西。

中国画学习方面的理论，在当代可谓百家争鸣，百花齐放，因此，当代绘画也呈多元化形式发展，但无论如何发展，传统都是不能割弃的优质资粮，传统是母体，吸收越多，营养越丰富，画不入传统，如无源之水无本之木。在当代如此浮躁的画坛我们更应该深入传统，研习经典，以古人为师，以造化为师。

贡布里希说："艺术家的创造是一个民族长期审美心理范式的校正，适当的校正等于创新。"传统就是"一个民族长期审美范式"，也可以译为样式，每一个时代有每一个时代的精神，每一个画家有每一个画家的个性、修养和文化内涵，加到这个范式中去，便是校正，便是创新。不临摹就写生的人，很难得到"民族长期审美范式"，也就谈不上校正。

习近平总书记说："抛弃传统、丢掉根本，就等于割掉了自己的精神命脉。博大精深的中华优秀传统文化是我们在世界文化激荡中站稳脚跟的根基。"

苏春生非常理解和认同父亲，著名文史学家苏渊雷先生在其《中华民族文化论纲》一书中所说的继承性是基础，因为"在今日，要想建立一种与故旧绝缘的新文化，实在是件不可能的事，而且依照思想之辩证的法则，文化之史的发展规律，也断不容我们对旧文化弃之如敝屣，何况它还是培养新文化灿烂之花的沃土？"离开了继承性，任何时代的文化建设就只能成为空中楼阁。而吸收性则往往是新文化产生的催生剂。至于文化的创造性，乃是最高度的综合，也是人类文明得以不断推陈出新的动力所在。

2. 理解中国画的本质

苏春生对中国画笔墨有本质的理解，他常说，中国画是中国的伦理和文化的笔墨写照。中国画之所以被称为"国粹"，就因为它有着厚重浓郁的中国传统文化底蕴。中国画的本质是"中国"两个字。

我们伟大祖国，被誉为"世界四大文明古国"之一，历史悠久，在这幅员辽阔的神州大地上，名山大川星罗棋布，名胜荟萃，浩瀚璀璨，驰名中外。高耸的山峰，莽莽苍苍；无垠的大海，波涛汹涌；纵横的江河，奔流不息；险峻的峡谷，鬼斧神工；晶莹的湖泊，珍珠点缀……自然景观如此壮丽，而那人文景观更是灿烂辉煌，宫殿、庙宇、石窟、园林、碑林、书院等等，到处可见。历代诗人都满怀激情，留下了吟诵中华大好河山的千古绝唱；杰出书画家振臂挥毫，绢素丹青保存了传世佳作。"我见青山多妩媚"，南宋辛弃疾的词，道出了人们的情怀……

画山水是不能缺少情绪的，有优美、有激情、有深沉，也有愁戚，而人的情绪是有感而生的，没有强烈的碰撞是不可能产生浓郁的情绪的。

苏春生怀着对祖国大好河山的爱，多次深入大自然，以造化为师。他曾39次上黄山，9次赴桂林，此外，雁荡山、武夷山、泰山、庐山、华山、峨眉山、井冈山、三峡、天目山，以至云南边陲、新疆天山和喀纳斯湖等都留下了他的足迹。他遍游名山胜景，探奇撷秀，积累了数以千计的画稿。他把表现自然的优美景色和人类热爱自然的感情，看作是画家的神圣的职责。他笔下的山水画，既具各地的风光特色，又有他的个性特点，风韵独具，这源自他对传统精华的吸纳、思辨和突破。一幅幅精彩纷呈的山水画系列组画，呈现出时代精神与艺术创新的融合，清晰地展现出苏春生领略祖国各地山光水色之后，对绿水青山的赞美，自然流露的爱国心迹……

苏春生的山水画上溯五代宋元之范宽、董源、李唐和倪瓒，下效明清之沈周、石涛，乃至近代的张大千、潘天寿、陆俨少。一味地师古泥古必使画面陈旧，而苏春生的作品继承传统，却能运思新颖，气韵盎然，这是因其为源于传统，又融会传统、超越传统的产物。

中国山水画形式的灵魂是以线为核心的笔墨技巧，线的运用和发挥成就了中国画无穷的变化。苏春生早年学山水画得陆俨少先生亲授，陆俨少先生是中国山水画现代大家，风格独特。苏春生的山水画中能看到陆俨少先生精彩的笔墨气韵，又在吸收陆派精神中形成自己的风格，在长年累月的创作实践中汲取容纳了传统绘画的神采和精华，开创了自己山水画特别是画黄山"苏式黄山画风"所形成的独特风格。

我们热爱祖国，不仅应当爱她的锦绣河山、勤劳的人民、优秀的文化，更应当用自己的心血和汗水为她的河山添彩，为她的人民造福，为她的文化增辉，为她的文化传播出力，为她的繁荣富强奉献。

苏春生对祖国的热爱之情根深蒂固地生长在心里，他竭力为祖国河山添彩、为祖国文化增辉，他是一位怀有大爱的艺术家。

任何艺术作品都是时代的产物，也都是每一位艺术家的精神创造。

苏春生就读的浙江美术学院，最早是学界泰斗蔡元培创办的第一所综合国立高等艺术学府——国立艺术院。学院历史悠久，校内名师林立，均为当代名家大师。画家是理想家、革新家，从事绘画对他们来说是自我精神家园的完善，无论是笔墨的形式，还是画家笔下的所绘形象，两者的完美都是画家的精神追求。苏春生在求学期间刻苦钻研，认识到：凡是求取学问，听到了知道了都还不算是真正有所得；要真正有所得，必须默默地斟酌思考，心领神会，融会贯通。

"读书百遍，其义自见"说的也是学习靠深研细研，反复推敲。浮于表面，不求甚解是得不到真知灼见的。要博学而不穷，笃行而不倦。不学习古人，就没有一种方法可以参考；全都仿效古人，又把自己置之什么地位呢？

贡布里希曾经说："实际上没有艺术这东西，只有艺术家而已。"因此，要理解艺术，真正深度阅读艺术作品，离不开对艺术家成长经历与人生际遇、包括他生活的时代、文化背景等的综合了解。

居里夫人曾经说过:"我从来不曾有过幸运,将来也永远不指望幸运,我的最高原则是:不论任何困难都绝不屈服!"的确,在艺术上承继中华传统优秀文化取得成果的,只能是那些具有学问素养的人,只能是那些善于独立思考的人,只能是那些具有锲而不舍的精神的人。水墨乃中国艺术人文精神的渊薮,笔墨求之于水,是心性与笔性的融会贯通。只要下了苦功,有了刻骨铭心的生活经验,有了血肉相连的感情交融,有了亲近大地的匍匐与谛听,有了对于大好山河的细腻记忆与欣赏,那么画出来的山水画,就能突破局限、充满真情,山水景物比自然景色更富情韵,这正是艺术的魅力,也是艺术源于生活而又能高于生活的道理。

在艺术作品里,艺术形象都带有浓厚的感情色彩。"登山则情满于山,观海则意溢于海","一切情语皆景语,一切景语皆情语"。描山川以代音,绘草木以传情。李白举杯邀明月,如同面对知己好友倾诉心曲;杜甫"感时花溅泪,恨别鸟惊心",花和鸟一旦进入诗人的审美视野,便有了人的灵性,成为非同寻常客观之景物。苏春生始终以情绘画,所以画面不呆不板,总是生机勃勃,一山一水,都有生命,都有活力。

艺术就是这样,总是"称文小而其指极大,举类迩而见义远","借一芽萌而绘春光如海,画一叶落而知秋意如杀"。扇面虽小,文章却大。张大千曾说,扇子并非只是用来纳凉的,一扇在握,文人的身份便显现出来。谁题的诗、谁作的画、谁刻的章,都透露出主人的艺术品位。苏春生的画,无论宏幅巨制,还是斗方小品、扇面,都一样具有高古清峻、灵动空蒙、清新隽雅、郁茂苍茫的美感,令人进入一种难以言说的美妙境界,这也许就是他不同于一般画家之处吧。

苏春生的每一幅绘画,都是他经过漫长的基础技法训练之后的灵光闪现。

斜风细雨、滂沱大雨、山明水秀、水天一色、层峦叠嶂、千岩万壑、暮景萧萧、杨柳依依、群芳竞艳、春色满园、旭日东升、楼台亭阁、曲径通幽……总能引起苏春生的关注和遐思,也就能为苏春生带来创作灵感。

苏春生喜欢探究、学习中国画家对白雪的描写,特别是学习、临摹北宋画家范宽(约950—1032)的代表作《雪景寒林图》,笔下的苍茫雪景显得磅礴深沉,画出北方壮美雪山景色,使人产生无限遐想。

《雪景寒林图》兼用"高远""深远"的构图法,巨壁高崖,"折落有势"(米芾语),远景为深远雪峰,近景有树、水,皑皑白雪则在树下、山顶和山脚屋顶时隐时现,衬托出主体山峰的高大、突兀,气势雄伟,场面壮观。苏春生曾说,

苏春生 《黄山韵之四》 2017年

观察此画，不难发现寒林与雪景之间，人、山寺与居屋是渺小的，远方的群山气势撼人，充分展示了中国山水自然的宏大壮阔之美。看得出苏春生在向古代优秀画家学习，并非学表面，而是学内涵，学精髓，受益匪浅。苏春生领悟山水画家描绘雪景时常将个人的抱负志向、审美旨趣融合山水之中，彰显其天人合一的文化意蕴。

苏春生也曾画雪，他的《深山雪飞》就是画雪景。他用双勾画出树干和山路，用淡墨画出远山和阴天，以留白似雪，顺势画出整幅雪景的层次。他的这幅画落笔果断，使人遐想到雪在飞，用白雪（留白）将近山、远山隔开，层次感极强，场景宏大。

苏春生的山水画不止效法前贤的技巧和手法，更追寻他们的创作精神、他们的人格气质，学习他们对于世界宇宙的理解和感受。苏春生通过学习，极大地拓展了传统山水技法的表现手段和构图能力。

苏春生的山水画技法尤其是笔墨功夫，用笔苍劲老到、用墨丰沛润泽，不能不说是当代山水画家的翘楚。他对泼墨法、积墨法、破墨法、渍墨法、蘸墨法的运用娴熟自如，画技炉火纯青。他的用墨功夫使画面有淋漓酣畅之神韵。

苏春生所绘《云山入梦卷》《顺风万里图》《水墨淋漓四景卷》《清漓春早卷》《笑傲江湖卷》等作品，则完美地将传统形象符号与现代表现手法融合在一起，画中有诗，组成了一幅幅耐人寻味的画面。

3. 培育文人气象，体悟文化精神

苏春生60余年来，以画黄山培育自己的文人气象，体悟文化精神。

唐人岑参曾言："始知丹青笔，能夺造化工。"已耄耋之年的苏春生亦进入了心无挂碍、无欲则刚的境界。他这个时期的作品，如《黄海朝霞》《奇峰耸秀白云舒》《清凉台上看晓峰》《黄山韵系列》《万古江天卷》《摩云揽月卷》等，是那么兴笔挥洒而法度森严，纵横驰骋而细节精彩，这些作品的艺术水平更上一层楼。他对传统山水画的笔墨技法进行归纳和提炼，形成了具有鲜明个人特点的绘画语言。苏春生不变的是爱和创造力。

"颇具匠心、匠心独运"这是一种称赞。匠心，原指能工巧匠的心思，比如木匠祖师爷鲁班，看到草的叶片上有一排刺，受到启发，回家潜心钻研，反复试验后，发明了锯子。在古代，匠心通常指文学艺术上的构思，而且是创造性的独到构思。

纵观中外文学艺术史，欲创作传世作品者，无不煞费匠心，苦心孤诣。套用"精诚所至，金石为开"的话来说，是"匠心所至，极致可达"。匠心所在，就有一丝不苟，就有精雕细刻，就有传世作品。

吴作人先生认为："一件艺术品就是它能够表现一个民

苏春生 《水墨黄山图卷》（局部）

"山水清音——苏春生山水画展"中与亲友合影

族、表现一个时代、表现一个环境……唯其有这些要素，才可以从一件艺术品里看到一个民族，看到一个时代，看到一个环境。"我想这就是吴作人先生所说的"艺为人生"，即艺术创作必须紧随时代、反映民族精神和风貌。

中国绘画的传统不仅是笔墨程式，还包含心性修养和人伦品德。从苏春生身上，我们或许可以看到，对艺术家而言，传承传统，首先要回到绘画本身，回到艺术本体。维护传统或是锐意创新都不是教条地照搬或推翻。

苏春生从艺六十余载，不忘初心，一直尽心在做一件事，那就是传承中华传统优秀文化，不忘中国画的根。他的作品构图布局舒朗大气，以细腻的笔墨和深邃的情韵来"心随笔运，取象不惑"，在传承中创新，在创新中守住根。

苏春生的山水画中，在凝练的线条挥洒和飘逸的水墨铺陈中，他的人格、学识和气度却在绢素中默默地流淌。这是一种自然流淌的状态，非刻意营造，却自然显现，在水墨中显现，在技巧中显现。他将中国美学意境的虚实相生、动静相应和写意渲染等要素糅合在作品中，创作出一幅又一幅反映锦绣江山景象，记载中华名山胜水的画卷，从而载入当代美术史。

苏春生对当下有些人的画风很不赞同。当下书画界有些人心灵浮躁，不愿下功夫研读传统经典（绘画作品和理论），只愿读同时代的作品，但相近的视野很难提升自身素养，苏春生认为，时下作品"浩瀚"终觉浅，要想有传承、有发展，经典深读不可缺。经典中的恒久魅力，有助于迈向更开阔的远方。

苏春生是敬畏传统的，只有敬畏，才有崇敬。对于艺术，他始终有着顽强的探索求新精神。他的绘画，不是一味地流连于一家一派，而是吸收、消化诸家的先进理念、表现手法，以丰富、提高自己素养。他笔下山水画在传统继承中积极创新，显示的是崭新、深邃、成熟的民族风格。"坚定文化自信，不忘初心、继续创作出不负时代，具有生命力的好作品。"这是苏春生的肺腑之言。

有一回他在和笔者及几位学友一起喝茶聊天时谈道："做学问搞艺术创作应该像国学大家赵景深说的那样具备"五心"：爱心、专心、细心、恒心和虚心。爱心即对中华传统优秀文化、对中华民族历代的不朽作品有一颗炽烈的挚爱之心；专心是坚毅不拔的志愿；细心即对待创作材料心如发丝，不经过一番仔细考核就不轻易下笔；恒心即锲而不舍的精神；虚心就是向传统经典学习、承继，向同行们请教，取长补短。

关于艺术，朱光潜说："离开人生无所谓艺术，因为艺术是情趣的表现，而情趣的根源就在人生"，"一切美的事物都有不令人俗的功效"。人生，就是要赋予生命美的品质。

苏春生常常感叹，只有具有本民族文化特点的艺术，

苏春生 《黄山云图》

"山水清音——苏春生山水画展"中苏春生夫妇与孙煜扬(右一)、周罡(右二)、丁伟鸣(左二)等友人合影

才是真正美的艺术。一是任何有成就的画家和传世的作品,其创作灵感都来源于生活体验。面对自然万物,面对日常生活,如果善于捕捉到艺术的灵光,用独特的风格进行宏观或微观的表现,这样的画作必然有其审美价值,具备传世的可能。二是画家自提笔之时起,自身的思想意识,便不加掩饰地呈现于笔墨和色彩之中。新颖和独创是艺术美的基本要求,异者生,同者亡。所谓"文以载道",杰出的画作,何尝又不是"画以载道"呢?

中国画的妙处也许正是在于一个"情"字。都说诗画同理,诗离不开情,画又怎能超脱情呢?以有情的态度面对生活,看最卑微的野花都有意义。

4. 顺应时代,讴歌祖国

江山如此多娇,引无数名家竞挥毫。很多艺术家都曾以《江山如此多娇》,表达对祖国的祝福,也引无数观者折腰。最为耳熟能详的,当属如今悬挂于北京人民大会堂的巨幅山水画《江山如此多娇》。那是国画大师傅抱石、关山月历时4个月合作完成的,作品高5.5米,宽9米。构思别具匠心,画面上旭日东升,江山壮丽，新中国的勃勃生机喷薄而出。画面一笔不苟，巧妙地融祖国山河的东西南北、春夏秋冬于一体，近景是江南青绿山川、苍松翠石，远景是白雪皑皑的北国风光，中景是连接南北莽莽无垠的肥沃原野，而长江、黄河贯穿整个画面，尺幅千里，展现了神州大地绚丽壮阔的美景。

齐白石已逾90高龄时创作的《祖国颂》，高2.18米，宽0.725米。所绘内容有着艺术家一以贯之的简洁，只有一株松柏、一轮红日、一只仙鹤、一汪湖水、一方岩石。这些事物的组合，不仅是美好寓意的累加，笔触流淌出的更是一种神清气爽、畅快自由，那是艺术家的心情的真实表达。

艺术家应新时代而生的笔墨绘画，有着很多令人大开眼界的表达，却都根植于他们深厚的传统艺术功底。比如，海派国画大师程十发先生以工笔画形式创作的《歌唱祖国的春天》，在1957年获得全国第一届青年美术展览一等奖。画中绘有近20个人物，头戴方巾、放声高歌的老妈妈，手握快板、打着节拍的老大爷，身穿工作服的工人，佩戴红领巾的小学生……他们舒展的身姿、惬意的神情透露出内心荡漾的和煦春风，加上远景祥云萦绕、层峦叠嶂，中景山花烂漫、虬枝峥嵘，近景竹、石、兰辉映成趣。画面以饱满的构图、明朗的色调定格男女老少欢聚一堂的其乐融融，人物造型体现了艺术家扎实的素描功底。

苏春生和这些艺术家一样，他画中的山水都渊源有自，峻伟而浑厚，不管是黄山烟云还是漓江春水，无论是武夷山抑或是雁荡山，都能很好地展现出各自特有的形貌、神采和气势。其作品充满艺术创造力的表达，这都是对于祖国的炽热情感和大美河山的赞美。苏春生用热爱祖国之情绘画了《美丽中国，顺风万里》《春风又绿江南岸》《漓江之春》，认为热情讴歌祖国，是自己的神圣使命。

作家、美术评论家王琪森先生在介绍苏春生的一篇短文中写道：

> 丹青涵养，笔墨超逸。古人曾讲，山水画家的高级境界是"烟云供养"，这是人与自然的天人合一，也是人与自然的心有灵犀，是山水画家的一个精神家园。从其渊源上来讲，是文人画家的生存空间和从艺平台。文人画家者，文人是身份认同，画家是职业属性，这不仅是种从艺方式，而且更是人生结构。文人画家是以文人为前提条件的，在当代的山水画家中，应当确认苏春生是屈指可数的可以归入文人画家行列中的一位。在这个意义上来解读，苏春生的山水云树，笔墨细腻精湛，设色典雅秀丽，构图严谨

生动,展现了清朗俊丽、气韵悠然古逸的美学风采,弥散出朴茂的文人气和浓郁的书卷味,既有宋元山水的堂皇雅致,又有明清山水的畅达清润,注重于水墨的晕染和色彩的交融,形成一种气韵生动而又婉约迷蒙的视觉效果,在当代山水画家中独树一帜。

简而概之,苏春生的艺术生命为什么常青,是因为他不断创新,而他的创新又源于传统,他是中国优秀传统文化的卓越继承者,他是讴歌祖国的战士。

十

黄山——画家的梦

艺术就是人类情感交流，将自己的情感体验，用某种载体（声音、文字、图像）传达给别人，使别人也能感受到相同的情感体验。

只有具有本民族文化特点的艺术，才是真正美的艺术。

苏春生39次登黄山，所画黄山山水画无数。那么他的黄山山水画怎样从自然美到艺术美？他的黄山山水画的风格是怎样的？他的黄山山水画的技法又是怎样的呢？

1. 从黄山的自然美到苏春生山水画的艺术美

青山踏遍搜奇峰。雄奇、秀美的黄山，是我国著名的山岳风景区及旅游胜地，千百年来，历代文人、书画家寻胜探幽，游踪不绝。唐、宋大诗人李白、范成大，明代著名学者王世贞、大旅行家徐霞客，以及明、清时期的著名画家丁云鹏、渐江、梅清、石涛等，都写下了脍炙人口的诗文，画出了奇秀雄丽的画卷。"天下名景集黄山"，黄山兼有泰岱的雄伟，华山的峻峭，衡岳的烟云，匡庐的飞瀑，雁荡的怪石，峨眉的清凉。因此，徐霞客留下了"五岳归来不看山，黄山归来不看岳"的名言。

胸中不积累千丘万壑，是画不好山水画的，所以锻炼写生能力至为重要。写生既是锻炼自己认识自然、观察自然的能力，又是搜索素材、进行基本技法训练的手段。初学者尤要着重训练记录山川风貌特征的技巧，并能体现自然景色在烟云中瞬息万变的动态以及自己的不同感受。景色秀奇的黄山，是最好的天然写生范本。当代杰出的山水画家李可染说："要画好中国山水画，必须从黄山山水写生中去学习体验。黄山天然多巧石，奇松姿态美，山岩多皴法，最宜画山水。" 苏春生自打立下绘山水画的志向后，便走遍了祖国的千山万水，拜大自然为师。

在群山峻岭之中，苏春生最钟情的是黄山。当他于1972年首次来到黄山，那气象万千、神奇莫测、移景换形的美景，使他为之雀跃、为之倾倒。他把自己"搜尽奇峰打草稿"的追求锁定在这72峰深处。近60年来，他39次登临黄山，积稿盈箧，精勤不懈。苏春生以黄山为师，以黄山为友，每去黄山一次，总是像老僧入定一样，坐在大山云深处寻找自己的艺术感觉，启迪自己艺术的灵性。这种"深入思考"的领悟，正是苏春生"独特的审美追求"。于是，那烟云彩霞滋润了他的笔墨。那奇松灵石催发了他的诗情，那烟岚山泉涵养了他的才思，莲花峰的亭亭玉立，天都峰的跌宕突兀，光明顶的无限风光等，都被简约概括、生动鲜活地汇入尺幅之中。

1972年，苏春生初访黄山于观瀑亭

苏春生父亲苏渊雷先生对黄山也是情有独钟，他曾放歌咏颂黄山，并做诗称赞。父亲对黄山的挚爱也影响了苏春生。

再游黄山放歌十八韵
苏渊雷（仲翔）
1984年

黄山之松矫游龙，黄山之石骨玲珑。黄山云海蔚奇观，顷刻涌出千芙蓉。
昔游未尽兹山美，再经云谷支吟筇。入山盘旋才数里，白茫茫接青濛濛。
峰峦移步换形象，伏龟偃鼠纷难穷。沿坡杜鹃斗红艳，拦路黑虎蹲云松。
北海西海尤诡丽，浮青眩紫瞬无同。清凉台高观日出，鱼肚一抹吐微红。
惜哉始信峰未上，呼吸闻与帝座通。下山若能贾余勇，玉屏楼听午时钟。
莲花天都近咫尺，攀援唯恐后村童。人生得意须驻足，立马桥头聊从容。
白龙潭深泉脉足，温塘初试涤尘胸。曾闻李白携佳句，醉石缘何杯酌空。

我生好游兼嗜饮，长歌一曲来天风。明发脂车返东海，回望云霭翠重重。

桃源三宿良非易，何日再倾玻璃钟。

(摘自《苏渊雷全集》第四卷)

　　黄山是苏春生着意刻画的对象。苏春生在阅读大师、感悟经典、体认传统的同时，寻寻觅觅、踏踏实实，终于找到了属于自己的笔墨语言、表现形态和风格样式。他既能不畏如林的强手，以倔强的竞争意识投入黄山的创作中去，也能一无包袱，以忘机自适的心态投入到黄山的创作中去。

　　苏春生让自己的情绪随着画面上的色彩与线条一起跌宕起伏，将自己的激越之情注入那飘逸的云海、奇峻的山峰之中，达到了"心随笔运，取象不惑"，"隐迹立形，备造不俗"的天人合一、物我浑一的境界。苏春生的恩师陆俨少先生看了他的黄山画作后，欣然题词赞曰："可谓极天下之灵变也。"书画界同仁也一致赞誉其为"苏氏黄山画风"。

　　从自然美到艺术美。苏春生的黄山画展在国内外举办时，使中外嘉宾神游于72峰间而流连忘返。1991年，上海电视台以"山有气骨水有情"为题，介绍了苏春生的山水画作品，这个标题可说是高度概括了他山水画的特点。苏春生的作品除多次在国内展出，并被江苏、辽宁、上海、桂林等地的美术馆和博物馆收藏外，还10多次赴日本展出交流，深得日本绘画界的喜爱。

　　日本著名美术评论家在他的画册前言中曾写道："此次特邀苏氏四度东游，不仅要展现峭拔雄奇的黄山景色，也显示了画家妙用生动之艺术语言，使观赏者如在奇峰、云海间偕游，进入美妙之境界，从而真正体会到中国山水画的艺术魅力。"另一位日本书画家氏家

20世纪70年代，苏春生在黄山歙县采风

禾有先生亦深为敬佩苏春生的笔墨之功,称之为"入妙通灵"。

1994年,华东师范大学中文系教授施亚西先生在谈到苏春生创作的黄山作品时说:

> 唐代画家张璪的名言"外师造化,中得心源",历来被视为是最精粹的画论,但他未说明如何师法造化,何以能得心源。苏春生老师在《黄山写生要法》中曾说,历史上许多画家"由于他们对真实山川的长期观察、分析、概括,对自然景色的特征、风貌有了深刻的体验。这样,落笔之际,真实山川的风貌特征、烟云变幻的动态、诗一般的意境都从笔端流露出来"。这简单的概括,也正反映了他30多年来创作实践的深切感受,反映了客观世界的物象与画家主观世界能动作用的辩证关系,和从自然美到艺术美的创造法则。有位诗人曾说:"春天多播一粒种,秋天多收一粒果,一切都不是偶然的,也不是徒然的。"苏老师丰硕的艺术成果,不也正说明他得来绝非偶然,他所付出的辛勤劳动也绝不是徒然的吗?"无限风光在险峰"的胜境,总属于锲而不舍的攀登者。

上述的施亚西先生谈到的"长期观察、分析、概括",正是苏春生将黄山的自然美转化为黄山山水画的艺术美的要旨。

苏春生39次赴黄山,当然做到了"长期观察",黄山山水画的艺术美来源于黄山的自然美,是现实黄山的审美属性在黄山山水画中的审美反映。苏春生的创作激情、创作素材都来自黄山现实景物。没有长期观察,艺术美便成了无源之水。中国画论有"外师造化,中得心源"之说,所谓外师造化,就是强调对客观对象的观察。北宋画马大师李公麟"每欲画,必观群马,以尽其态"。苏春生对黄山看得多,听得多,

1979年,苏春生于黄山时云海翻腾,景色怡人

记得多。黄山不仅为苏春生的黄山山水画创作提供了丰富的素材，也孕育了苏春生的激情，黄山是苏春生丰富的审美情感的沃土。

1980年，苏春生在黄山北海

仅仅长期观察还不够，观察必须与分析相结合。分析什么？苏春生将长期观察获得的素材进行归纳、分类，将山形、山色、水形、水色、山路、庙宇进行分析。季节不同会怎么样？早晨、中午、黄昏、夜晚会有什么变化？云雾在天海、东海、西海、前海、后海的形、色、质有什么相同，有什么不同？哪些取景更能显示自然美，纯自然的黄山景物哪些可取，哪些可舍？哪些可详细绘制，哪些可一带而过？经过苏春生细致的分析，苏春生的黄山山水画不是照搬自然，不是对自然机械镜子式的反映，这才产生了他的黄山山水画的艺术美。

"概括"是苏春生黄山山水画的一个极为重要的特征。

艺术美不是自然美的照搬，苏春生在正确的世界观和审美理想的指导下，根据自己的创作意图，对客观的黄山素材进行提炼、加工和概括，使自己描绘的黄山山水形象鲜明，突出了典型。典型即一般与特殊、共性与个性的有机统一。

凡艺术美，均有下列4个特征：一是概括、集中的典型性；二是具体、可感的形象性；三是真挚、强烈的情感性；四是独特新颖的创造性。苏春生的每一幅黄

1974年，苏春生在黄山玉屏楼后山

山山水画都有这4个特征。

山水画大家应野平先生曾为苏春生写生册赋诗，高度赞扬苏春生的黄山画妙笔生花，巧夺天工，《题春生黄山写生册》四绝句，其一云："黄山灵秀冠寰中，妙笔传来夺化工。石怪松奇云海绝，披图我亦忆游踪。"

2. 苏春生黄山画的风格

苏春生画黄山自有自己的风格：

其一，近水远山皆有情。

苏州沧浪亭亭前石柱上有一幅对联："清风明月本无价，近水远山皆有情。"此联对仗工整，而且意蕴深邃。上联指人对自然物的欣赏是不讲功利的，下联是指"物我同一"。苏春生理解这个下联，认为近水远山都对人充满了情意，说是山水对人有情，其实是人对山水多情的一种心理反射作用。正如辛弃疾所言："我见青山多妩媚，料青山见我应如是。"又如郑板桥所言："一方天井，修竹数竿。风中雨中有声，日中月中有影，诗中酒中有情，闲中闷中有伴。非唯我爱竹石，即竹石亦爱我也。"苏春生受此启发，认为人与山水之间，能以神交之，以情寄之，以意度之，以言咏之，主客观之间亲密无间。

苏春生所绘黄山，既形象，又生动，山活了，水动了，好像向人们呼唤着什么。这是因为苏春生从山水与人的关系中寻找到了答案。苏春生叹道，山水本无情，是人移情于它，才使它成为有性灵的新意象而出现在画面上。苏春生爱黄山，他把情移至黄山后，黄山的画也就有了生命，人们看他的画，似乎看到，山可以含笑，可以凝睇，可以折腰；水可以欢唱，

1982年，苏春生与画友周成在黄山排云亭前

可以呜咽，可以惜别。

苏春生欣赏黄山时，不仅用耳目去感受，而且用心灵（第六感官）去深化感受，所以他能发现一般游客发现不了的美，为什么他39次去黄山，乐此不疲？正是因为他找到了对黄山审美的最大兴味。苏春生为什么对黄山有那么大的审美兴味？正是因为苏春生是黄山的有情人。

其二，所绘黄山场面宏伟，取景有独到之处。

苏春生所绘《西海夕照》是描绘黄山西海的，所绘景从近到远，延绵数十里，是黄山风景区最美丽、最深邃的部分。在这幅画中，有远在天边的远景，有近在尺咫的近景，有虚虚的云海，有实实的山峦。

1974年，苏春生在黄山

苏春生采取的是传统山水画艺术的三远空间透视法结合，使画面近处的景物比较清晰，远处的景物则渐次模糊，如那起伏的山峰，蜿蜒的道路，都笼罩在那迷蒙的云海薄雾中，渐渐隐没于天际，那若隐若现的烟雾迷茫之景给人一种朦胧美。这么深远的景色绘于一纸，必须有极好的层次感。苏春生的《西海夕照》起码有4个层次：近景、中景、远景、更远景。

黄山有36大峰，36小峰，占地160.6平方千米，这么多山、林、路、景囊括在一幅画中，必须有层次，有取舍，有远有近。苏春生的《三十六峰生白云》取景极佳，近处见树，见树干见树枝，见小桥见行人；远处见天际，层次感极强。画一幅好画，要画出精华，画出全貌，这需要取景。选择观景的位置、角度，选择一个好的角度有时需要好几天，走很多路，所以，绘画不是清闲活，绘画更是力气活。

苏春生的《石猴观海》取景更妙，他没有取近景，而是取中景与远景结合的场景，既然是石猴观海，那画面必须又有"石猴"，又有"海"，石猴要醒目，成为视觉中心；海要浩瀚、深远，有气势，能画出这样的佳作，不知苏春生踏破了多少双"铁鞋"。

苏春生的黄山山水之所以画得高人一筹，是因为他比别人付出更大更多的辛苦。

其三，得当的绘画语言。

绘画与雕塑不同，绘画只占有一个平面。通过运用各种绘画语言，使平面的二维空间，产生三维空间感，给人以明确的印象和身临其境的真实感。

语言由字、词、语气、音调等元素组成，每个人的语言都有同样的元素——字、词、语气、音调等，但就语言的表现力而言，人与人就有差异了。同理，绘画是通过线条、构图、色彩等造型元素，表现客观世界，例如表现山水，每位画家绘画都有同样的造型元素——点、线、面、体、构图、色彩等，但是运用这些造型元素的综合表现力，画家们之间就有差异了。

苏春生绘画善用线条，他的线条，有的婉转流畅，给人以温柔的感觉，有的泼辣奔放，体现激荡的感觉，他用的水平线使人感到"静"，他用的斜线使人感到"动"，他用的竖线使人感到"挺拔"。同一幅画中，他根据描绘物的不同，运用不同的线条风格，表现山的刚硬，水的柔性。苏春生画黄山，一幅画里有丰富的色彩，使人视觉愉快。

在构图方面，苏春生在均衡、对比、节奏、重复、照应、反衬等方面，均把握得恰如其分，整个画面变化中有统一，统一中有变化，从而使内容和主题得到

1982年，苏春生率国画进修班学员赴黄山写生

充分的表现。

点可以使线活起来，线立其体，点提其"神"，中国画中唯有"点"最难，可谓画龙点睛，靠点传神。一幅画中点多点少，点在哪里都有讲究，苏春生在点的处理上恰到好处，《石猴观海》的石猴就是"点"，成为整幅画中最引人注目的视觉中心。

美是恰如其分，恰到好处，苏春生的对造型元素的处理做到了恰当、得体。

1993年，苏春生在黄山排云亭示范写生

其四，画面简洁，神韵无穷。

中国画讲究简约。八大山人、石涛、董其昌、倪瓒、齐白石、潘天寿都是简约大师。倪瓒的山水画，疏林坡岸，无一丝云，无一鸟影，笔墨素净得几乎透明。齐白石画画力求简练，他画虾不断追求笔墨的简练，有意删除不损害虾的真实性的腿。他画的虾的后腿由10只减少到8只，又由8只减少到6只，到78岁画虾时，后腿就只有5只了。潘天寿主张，画家布置重在布虚，即着眼于空白，画面求空灵，空灵之中求气韵。潘天寿笔下的花鸟小品，虽只是简单几笔勾勒点染，但趣味横生，韵味无穷。简化后的绘画，虽只寥寥几笔，却是用简约的笔触传达极其深沉、含蓄的意味。就如齐白石的虾，那虾虽然只有浓淡相当的那么寥寥几笔，勾勒点染，却活灵活现。它生气勃勃，柔嫩透明，触须娇柔，躯体透明，仿佛薄壳下的生命正在跃动，使人觉得仿佛满纸清波，虾的动态与神韵跃然纸上。

苏春生认真观看八大山人、倪瓒、石涛、董其昌、齐白石、潘天寿的画，一看就是好半天，就像军事家战前看地图一样，全神贯注，眼睛在看，脑子在想。苏春生从这些画中深得简约之道。

苏春生的《排云亭前看云飞》《黄山雨霁》《黄海之涛》《奇松迎客》《石猴观海》《西海夕照》，均以寥寥数笔，已得山水之全神。

简约之法谈则易，做则难，这里必须把握一个"度"，因为过度的"简"就不像了，苏春生通过多年的绘画实践，已把握住简约的"度"，增加一笔则显多，减少一笔则显少，简约要恰到好处，恰到好处的简约才美。

苏春生绘画并非整幅画都极简，而是有所选择，该简的一定要简。例如，他的留白，留白在什么地方，留白有多大，他都能准确把握。

苏春生从观画中感悟，简单并非浅薄，而是用简约的笔法概括最大量的事实。只有这样，简单同时才能显得深远。苏春生体会到，绘山水画若是信息、枝蔓太多，次要的信息有时淹没了主要信息，会导致喧宾夺主，主次不分。苏春生认为，黄山最精彩之处，只有靠简约，才易记忆和传播。苏春生的黄山山水，把握事物的本质，化繁为简，以少胜多，创造了黄山的艺术生命。

3. 苏春生黄山画的技法

中国画的技法，实际上可以理解为中国画家运用毛笔的方法，也就是用毛笔而产生的用笔、用墨的技法。其中墨法中包含了色彩的技法。别小瞧一支毛笔，用笔的技法大有学问。

1993年，苏春生带日本学员在黄山示范写生

过河需要桥和船，而方法就是驶达彼岸的"桥"和"船"。耕耘、生产需要工具，古人云："工欲善其事，必先利其器。"绘中国画的工具是笔墨，不掌握笔墨技巧，不可能画出好的中国画。

苏春生经过长期的学习、观画、绘画实践，总结出一整套中国画山水技法，又在这个基础上，总结了一套黄山山水画的技巧，从画法共性走向黄山画法的个性。

2009年6月，苏春生和孙乃树合编了一本《中国画山水技法教程》，由上海人民美术出版社出版，全书详尽介绍了中国画山水技法的共性，内容十分丰富。

首先，追根溯源，回顾了中国山水画的历史沿革，评述了中国山水画对于中国绘画乃至中国文化和艺术的重要地位，详尽介绍了隋唐、五代、宋、元、明、清的山水画传承与创新。

其次，教授了山水画基础技法，包括山石、树木、瀑布、云水、点景的画法，笔墨的方法，设色的方法，透视及章法，构图的原则。

再次，讲述了山水画临摹、写生与创作的技法。

最后，又进行了创作作品赏析，以总结上述的理论与技法。

祖国的各处山水有不同的特征，共性技法只不过是一个基础，对于不同景点，还有个性技法。针对黄山的特征，苏春生在《如何把黄山写生画好》一文中总结了一套黄山山水画技法：

一、不断训练和提高观察能力与表现能力

体察自然与对景写生的目的是我们对客观大自然进行再认识的深化过程。对黄山也同样如此。必须对它的奇峰、异松、云海、飞瀑的特征有一个深入了解和把握，同时，对黄山的朝雾晴雨，四季的不同变化所产生的神韵，作一个全面的感悟。作为画家首先要训练自己的观察能力，应该积极主动去捕捉发现感受黄山所具有的造型特点、生动姿态和美感。

例如，观察黄山山石的形体结构，在不同风景区的山石结构有哪些不同，思考如何表现它。如莲花峰、天都峰的结构与北海石笋诸结构完全不同，前者由于造山运动而形成大块的裂缝，气势较大，而北海一带则由于岩石断裂，多有小块横结构，密而多变。同样，黄山松的特点是松冠平、松针短，枝干曲折变化有力，所以，在整个观察过程中，最重要的是把握总体印象和特征，同时还要注意其节奏、动势。提高了观察能力，方能在动笔时，胸有成竹，画出黄山的气韵来。

但是，观察能力与表现能力是相辅相成的，在观察过程中画写生，在写生的记录过程中加强观察，既可以整体把握又可以进行细部的深入刻画，这样才可能不断深化与提高。所以在写生过程中，要用毛笔或钢笔、铅笔等，不断地对各种形象进行勾画，锻炼自己把握形体特征的能力，达到熟能生巧，随心所欲。这里，抓住对象特征能力与笔墨表现能力是同等重要的。

二、具体景物的画法

（一）山石画法

山石、峰峦是构成山水画的一个主要部分。特别是在黄山，奇峰怪石形成的景色，更具有独特的审美趣味。用笔墨来表现不同的山石、峰峦对象的技法就叫皴法。

自然界的山，是由各种各样的岩石、土石所构成，其外貌特征也各不同。千百年来，历代画家们通过对大自然的认识、描绘和技法的提炼（即外师造化）、逐步形成了自己特有的表现技巧和艺术风格（即中得心源）。因此，也形成了种种不同的皴法，譬如披麻皴、解索皴、荷叶皴、折带皴、斧劈皴、雨点皴等。当然，还要从实际对象出发，灵活运用，发挥创造才行。

例如，前山天都、耕云、莲花、连蕊等峰由于断裂巨大而石缝较稀，故石纹呈大的网状，大小石纹相间，故前山雄伟，气势较大。在皴法运用中，披麻皴、荷叶皴、解索皴均可结合用之。而后山西海排云亭一带的山峰多是陡悬破碎的峰林，节理密集而多姿。北海石笋矼一带的石林、石柱又具另一特色，奇石林立，千奇百怪。总的来说，北海一带的山峰比较秀丽而富有变化，因此表现方法除去前山运用的皴法外，还要掌握小斧皴、折带皴、雨点皴等法，用笔要苍劲有力，勾皴比较丰富。

在画黄山的山石、峰峦时，必须一要能较熟练地掌握传统的主要皴法；二要能把不同的皴法结合起来，运用皴法规律灵活地表现对象；三必须把握山石结构纹理的特征；四用笔要有虚实变化，用墨有浓淡干湿，画出结构，分出前后层次。

（二）松树画法

松树为黄山主要树木，一般生长在海拔800—1 800米以上的高度，在许多地方形成挺拔、苍翠的松林，同时也散在石缝、悬崖上，点缀石骨。黄山松树的特征是针叶短粗而稠密，叶色浓绿，枝干曲生，树冠扁平，盘根于石，傲然挺立。由于自然气候、地理的条件影响，黄山松苍劲而多姿，具有特色。我们要画好黄山的写生，一定要画好松树，即把它苍劲如虬的形态特征，以及经风雨、耐霜雪、四季长青、巍然挺立的精神风貌表现出来。

一般画松分为近、中、远景，这就要求我们既能够画松树的近景特写，也能画中景、远景的松树姿态。

近景在画的时候要注意：（1）松树整体姿态较准确，重心要稳；（2）掌握好主要枝干的走向和疏密，删去不必要的枝条；（3）画好树干上的节疤及露出的屈劲而有变化的根部；（4）松针用笔，中锋有力，粗短而挺，交错呈品字形，要自然，不要杂乱，用墨较树干深。

中景是画面中间层的松树，景物距人不算太远，画的时候要注意：（1）用笔轻重变化的掌握，比画近景松树要略淡一些，但也要分出一些前后层次；（2）松树之间的高低、穿插、整体的形态要有变化，不要呆板。松树点时，可整片地点，注意整体效果；（3）中景的松树往往与云烟联系起来，因此，还要注意虚实变化与出梢的生动。出梢即在云烟中露出的一两棵松树，姿态好坏，关系到画面的效果。

远景在写生时，往往要画到远山，远山上大多长有松树，或松树林，画的时候要注意：（1）只要画出主干的姿态，形体要生动，用笔简略，轻重要得当，墨色要略重于山石；（2）要有疏密、高低变化，与山石形成统一再有变化的整体。远树要小心经营，一般是画好远山后，再添上远树。

（三）云海瀑布画法

1. 云海画法

在山水画中，云气是一个很重要的内容，山本坚实而又宁静，得云气虚之而有动感，宋代山水画家郭熙所说的"山以烟云为神采，山得烟云而秀媚"绝非虚语。又曰："真山水之云气，四时不同。春融怡，夏蓊郁，秋疏薄，冬黯淡。尽见其大象，而不为斩刻之形，则云气之态度活矣。"这些都是长期观察生活总结出来的。

画云海的时候要注意：（1）近景山峰与远处云海的黑白整体关系；

（2）要安排好露在云海上多层次山峰的疏密、高低。（3）云海的流向、层次与整体构图气势要统一，这样整体的动势就会加强；（4）画云海时，用笔切不可过重，用笔要虚，行笔要快，笔与笔之间要衔接好，点与染要结合起来，笔要含水较多，云的形体要清楚，并注意空白云气的形状与动势；（5）在点染云海时，必须照应山之前后左右，令其起处至结处虽有断续仍与山势合一而不涣散，这样，山的立体感与云层的厚度均能表达出来。画云海有染云法、勾云法，或两者结合。

2. 瀑布画法

黄山千仞成峰，高山溪流，汇聚倾下，即为瀑布。黄山瀑布虽不多，但有名的也不少，如位于紫石、朱砂两峰间的人字瀑，位于紫石、清潭两峰间的百丈泉，还有在丞相源和苦竹溪之间，天都、玉屏、炼丹诸峰之水汇合，自香炉峰的悬崖上九折而下的九龙瀑等。而且每当春夏大雨初霁，山谷峭壁间，到处挂着千寻瀑布，景色怡人。故画山水时，间有飞瀑，可使画面静中有动，实中含虚，增添气韵的生动。如诗人李白所写"飞流直下三千尺，疑是银河落九天"，既生动又有气势。

画瀑布的时候要注意：（1）峭壁两面的山势变化，两面石壁皴法之间的联系；（2）瀑布上端水口曲折的透视关系要生动而有变化，瀑布有时下流时会遇到山石阻力而余生转折，要注意几个转折之间的高低变化，不要距离、大小一样；（3）画两边峭壁时，要注意空出瀑布在画幅中的地位，画瀑布水时，用笔要略淡、略干，要注意浓淡干湿的变化；（4）瀑布的流水与两边峭壁曲折的呼应，透视要正确，不要水流的方向与岩石透视曲折不一致。这样，水流不会生动而影响画面的效果。

（四）点景画法

建筑物与人物在山水写生的画面中，往往也很重要。我们画山水要如实反映壮丽的河山，当然，也离不开人与物。我们把它叫作点景。虽然，建筑物与人在画面中一般比例较小，但往往起着画龙点睛的作用，是人们欣赏时的焦点所在，所以，画时绝不能掉以轻心，万一画坏，全幅画灵气皆失。

画建筑物时，注意形体比例要正确，因为，建筑物往往体现风景的特征，造型画得不能相差太远。用笔要中锋，墨略干，线条要劲挺而有力，透视要舒服。

人物画法，古今画家能用概括简练的线条表现人物各种动态，很生动，这种方法可以吸收。

4. 黄山作品的介绍

（1）《白云三十六峰深》

黄山的特色，云雾卷来，又增添妩媚与变化。本幅作品试图表现这方面的感受。右面山峰，作为近景，山石重叠而上，欲以表现其高耸的感觉；左面中间的远山，降低墨色层次，拉开空间感觉，画面上部云海和极远处的山峦，呈现出云气层层的动势，使整幅画面动静结合，轻重对比，表现出心目中黄山的印象。

《白云三十六峰深》

（2）《石猴观海》

北海群峰中，猴子观海是一个奇特的景点，但在观看这景点时，只能从高处往下看，虽然视野开阔，但不易表现出气势。他在这张画的构图设计中，把石猴的地位拔高，再加上把近处的松、石作为近景，增加下面大岩石的高度，这样就加强了近景、中景的力度。然后在远景的云海流动的处理上，注意空间的运用，既要表现出云海的动感，又要表现出云海的层次变化，使这个景点的写生画稿水平大大地提升了。

（3）《黄山光明顶》

黄山光明顶是黄山著名景点，上面还建有气象台、电视塔，是黄山中心点之一。本幅作品是想表现在晨曦云雾之中，光明顶的特有面貌。近处前景的勾画，表现了黄山山峰峥嵘的特色并配以岩间的松林和山谷中的流泉，使整

《石猴观海》

个画面呈现出动势的变化。画幅中多用小斧劈的皴法,以反映黄山山石的特征。设色上先用赭石、墨青打底,然后受光面加上朱磦与朱砂色,以突出朝霞的气氛。

(4)《泼墨黄山》

本幅作品以较为写意的笔墨画出,多数地方采用了破墨法,呈现云海翻腾变化、山峰隐现的空间动态。

《黄山光明顶》

《泼墨黄山》

近景用重墨画成,但浓墨中还要有层次变化。近景用笔洒脱,在淡墨中见笔势,以达到石涛"漫将一一砚梨花雨,泼湿黄山几段云"名句的境界。

(5)《望云图》

这幅小品是画黄山雨后初晴的场景。瀑布飞泻,水声喧哗,在苍松之下,有一隐者在观

《望云图》

望云起。画面把两株古松放在近处,占较大面积,突出松树势如苍虬的姿态,清泉在松间流淌,呈现了风景的空间层次。在画面左边的山石坡上,站着一位隐者,向左外方观望,初起的云气,逐渐从山谷蔓延到山巅,如同他的思虑,飞上云端。全画动静结合,笔墨纯熟,营造了一个幽美的意境,给人以无限的回味。画中的观云人物由方增先老师所画,简洁生动,增加了画面的韵味。

(6)《黄山图卷》

长卷是中国绘画的特有形式。《黄山图卷》是以散点透视方法表现黄山的风景名胜。从对黄山的印象出发,由前山往后山,一段一段地画过去,用云烟的变幻与山峦的交错把画面连接起来,使画面有节奏、有层次,并且在绘制过程中运用不同

《黄山图卷》(局部)

《黄山夕照》

的笔墨表现方法。这样,画面在视觉效果上会比较丰富、耐看。《黄山图卷》全长14米,这里出的是其中部分画面。

(7)《黄山夕照》

黄山的夕阳是非常绚丽的。强烈的阳光,照在山峰上,金光闪耀。画面

近处山峰的上端还有着夕照,下半部已渐渐暗淡,呈现青灰色。远处山峰与云海都笼罩在晚霞之中,烘托出黄山又一面貌。

(8)《黄山云起图》

表现黄山山谷中云雾升腾的景色。构思时,先在左面画一大山峰突兀而起,作为主峰。然后,在主峰背后山谷间画出烟雾,渐渐升腾而起,逐步向上形成云海,层层推向远方,远处山峦高低变化,更增添动势。整幅作品动静结合,达到了一定的艺术效果,近景用大斧劈皴法,用笔带方,轮廓清晰。

《黄山云起图》

十一
桃李不言下自成蹊，让作品说话

"欲穷千里目，更上一层楼。"人生的意义就在于不断进取，有所待才能有所为，有所追求，才能日臻至美的理想之境。

创造和贡献是人类与其他动物的本质区别。真正人生的价值就在于创造，在于对世界的奉献。否则，将虚度此生。一个人的人生，以创造性劳动，奉献于社会，就能受到人们的尊敬。

苏春生从少年时就立下志向，一路走来。他在路上，有过奋斗，有过磨难，有过思考，有过欢乐。优秀的家风熏陶了他，长期的实践锻炼了他，高尚的品性塑造了他。苏春生佳作如云，其作品足以向世人证明：他是一位德艺双馨的大家，是一位学无止境的奋斗者，是一位对祖国充满激情的爱国者，是一位与人为善的仁者。

1. 传家诗书画

苏渊雷先生是一位国学大师，他以什么传家呢？

我国的民族英雄林则徐对给不给子女留财富的问题有过精辟的分析。林则徐认为：子女倘若比我强，我留多少财富给他们也是多余的，因为子女肯定过得比我强；子女倘若不如我，我留再多的财产也无济于事。林则徐的话颇具哲理。

古人有言："授人以鱼，供一餐之需；授人以渔，则终生受益。"苏渊雷先生认为父亲母亲应该授渔给子女，传授给子女良好的德才和高尚的理想情操，传授给他们知识和技能。

苏家以诗、书、画为传家宝，苏春生继承了父辈的精神，也成为中国山水画大家，正是"将门出虎子"。苏春生又把家风传给自己的儿子苏毅。

1987 年 5 月由华东师范大学、上海中国画院主办的"苏渊雷、苏春生父子书画展"，在上海中国画院展厅举办。中国佛教协会会长、佛学家赵朴初题展名，国画大师唐云先生充满情谊地忆及知友间在苏渊雷先生"钵水斋"的雅集乐事，写下前言，祝贺画展开幕：

建国初期，海上文人荟萃。钵水斋中，谈艺论文，颇不寂寞。疚斋、墨巢、劬堂、寄庵诸老，车辙时环，每多雅集。而湖帆、瘦铁、寒汀、大壮诸子，并得侍尘谈，诗酒留连，解衣盘礴，致足乐也。时春生世兄，方在髫年，濡染既深，志学尤切。后遂投考浙江美术学院，从顾坤伯、陆俨少二氏游，岁月峥嵘，艺事日进。今秋将再度应邀访日，十发院长嘱其先选若干幅，假座上海中国画院预展，钵翁亦出其力作张之。大千所谓外行画即文人画者，钵翁有焉。夫言为心声，字为心画，笔情墨趣，良如其人。诸老往矣，吾与稚柳、野平、青霞诸子，犹得偕钵翁一尊话旧，未绝风流；而春生百尺竿头，所望于当代耆宿暨同道赐教者尤多，倘亦吾艺坛之所乐为者欤？爰缀短言，以当喤引云尔。

　　苏渊雷先生知识渊博，多才多艺，涉猎哲学、史学、文学、艺术、佛学等多个领域，学问精深厚重，文采飞逸，是一位亚里士多德式的复合型资深学者。

　　著名文艺理论家、学者，华东师范大学中文系教授徐中玉先生在出版的《苏渊雷全集》序言中写道："苏老被称'诗书画三绝兼擅，文史哲一以贯之'，诚哉此语。通人多才多艺，处处能有高山流水之致，从容不迫，成其大器，博学而又能深思，天人合一，自然而又清新。"

　　著名诗人、学者、中华诗词学会名誉副主席、上海文史馆馆员田遨先生钦佩苏渊雷先生的书画艺术，他写道：

　　　　先生之书法，是学者书法，诗人书法，不限于摹仿某家，亦不墨守成规，自具书卷气与潇洒出尘之姿，如行云流水，超脱天然。

　　　　先生之绘画亦然，不局限摹写对象形体，逸笔草草，自写胸中浩然之气。盖书如其人，画如其人，如其人之学风诗风，如其人之道德文章，如其人之才气纵横。

　　苏渊雷先生的诗书画、学风诗风，后继有人，那就是苏春生。

　　苏春生自1972年登临黄山起，执着地以黄山为友、与黄山对话、为黄山写照，到此次父子画展已有近15年，那飞动的云海、雄健的苍松、挺秀的峰峦、峻美的奇石，使他的腕底笔端才情勃发。作品的线条色彩、构图造型都初步形成了独特的黄山笔墨语汇和构图语境，被誉为"苏式黄山画风"。苏春生子承父业，终成大家。

苏渊雷先生作品《四君子图》梅干屈铁沉凝，至简蕴藉，枝萼冷逸，竹魂刚韧，兰叶婀娜劲健，菊瓣高洁有操守，避让回旋。《水仙》清气漫溢，风骨秀挺，不染一尘，飘飘欲仙，持重飞动，花叶顾盼，气节凸显，行笔散藻滴华，天机流衍，营造了一种深厚的人文语境和雅静的禅意氛围，具有格物致知的精神内核。中央美院李少文教授评曰："浩然文气，画坛无人可及。"

此次父子画展，影响颇大，被艺界称为"苏门书画，格高韵清"。当时海上名家云集，群贤毕至，极一时之盛，至今仍传为是文化艺术界的盛事。

2. 一步一个脚印，百炼成钢

任何一位大家的成功，都必须付出辛劳，付出不懈的努力。苏春生在青年、中年、壮年、老年时代，一步一步往前走，扎扎实实，一步一个脚印，经历不少磨难，战胜不少困难。

保尔·柯察金说："钢是在熊熊大火和骤然冷却中炼成的。"这熊熊大火是奋斗和磨难，这骤然冷却是自省与自律。

1973年，苏春生在上海搪瓷七厂从事设计工作时，创作了一幅国画《鲁迅精神　万古长青》，与上海众多书画家作品一起刊登在上海人民出版社出版的《美术资料》第2期，受到好评，在海派书画界崭露头角。万事开头难，苏春生有了一个很好的起步。

1976年，苏春生在恩师陆俨少先生指导下完成上海工业展览馆画

1973年，苏春生创作国画《鲁迅精神　万古长青》

巨幅山水画《旧貌换新颜》。至此，他步入巨幅山水画的创作中。

1983年，随上海生活文化交流团赴日本横滨进行友好城市文化交流。同年举办画展及书法、国画讲习班。

1987年，应日本横滨海外交流协会邀请，"苏春生水墨画展"在横滨举办。

1989年，"苏春生水墨画展"在日本大阪三爱会社举办。

1992年，"苏春生黄山精品展"在日本仙台博物馆举办。

1994年，参加在维也纳举办的"奥地利·中国画联展"。

1999年，黄山市首次举办中外书画家作品联展，即"氏家禾有·苏春生书画展"。"氏家禾有·苏春生二人书画联展"在日本千叶、中国上海和黄山巡回展览。

2005年，参加"全国首届任伯年杯书画大赛"，获"特等奖"。

2007年，参加"黄山中国山水画大展"，获黄宾虹艺术奖。

2010年，"苏春生教授山水画展"在嘉定陆俨少艺术院巡展。

2011年，"海上二苏华亭展"在松江程十发艺术馆举办。

2003年，曾31次来黄山创作书画的苏春生在黄山市书画院举办《苏春生画黄山明信片集》首发式，并为游客签名。

2012年，参加"郑州全国山水画大展"，获银奖。被"海上画坛"评为最具学术价值的十大"海上画家"之一。

2015年，参加"米兰世博会中国艺术名家展"，获金奖。

画家林风眠曾把艺术家比作蝴蝶。他说："起初，它是一条蠕动的毛虫。为了能飞起来，它先结一个茧，把自己禁闭在内化作蛹而彻底变形。最终，也是最重要的就是，它得从茧中挣脱出来，才能自由地翱翔于空中。茧子即是艺术家早期必须刻苦学习的技法和接受的教育。"

对于任何不断地进行探索，不断地记住探索的结果，不断地寻找未知事物答案的人来说，会实现最初理想的。苏春生就是其中的一位。可以说，苏春生走进大自然，以大自然为师、为友，"搜尽奇峰打草稿"，大自然的雄伟、壮丽，给了他丰富的想象；大自然的广袤、有力，给了他绘画的力度。是大自然的熏陶滋养了他日后的艺术创作。

中国山水画是以笔墨线条为核心的意象艺术，笔墨线条已经脱离了具体所指，不是单纯意义上的"笔"和"墨"，已经升华为一种精神。陆俨少先生曾对苏春生说："绘画最忌涂描，墨应从笔出，用笔为主，线条好了，一则可以加强物体的质感，再者有了变化，也经得起看，不是一览无遗。"

3. 精益求精，从不懈怠

苏春生去创新去突破，他从没有懈怠过，默默地在艺术土地上耕耘着。有耕耘必定有收获，苏春生的作品越来越为人们所认可，为业内同行所称赞。人们在面对苏春生的画作时都会有一种赏心悦目的感觉，会被他的作品所打动，会深深感受到中国河山的壮美。是的，你会陶醉在他的作品中不愿离开……

"作为一个现代的中国画家，只有在前人的基础上去创新去突破，这样你的艺术作品才会有生命力。" 苏春生时时不忘学习前人，扎扎实实地夯实基础。

一个画家无论其想象力有多么的恣肆狂放、恢弘磅礴、诡谲奇异，都有一片坚实恒久的感应区域，诺贝尔文学奖得主莫言的高密村、著名作家阎连科的耙耧山脉皆是如此。苏春生最钟情黄山，与黄山亦师亦友结艺缘，60余年如一日地追求表现黄山峻秀挺拔的雄姿及烟云变化的气韵，获得了可喜的成就。《黄山韵系列》《三十六峰生白云》《排云亭前看云飞》《北海曙光》《西海夕照》等，缀合成一幅幅清新隽雅、鲜活绚丽的画面，可谓当代描绘黄山的最出色的作品之一。

追随着诗词的脚步，我们总能在不经意的时候相遇一份期待已久的感动。

我国魏晋时期、唐宋时期以山水题材的诗与画，不仅数量众多，而且色彩缤纷。"江作青罗带，山如碧玉簪。" 韩愈用比拟贴切的诗句写出了桂林山水的柔美性格；"江流天地外，山色有无中。" 王维用传神之笔写出汉江一带山水壮阔的气象。艺术家的作品乃非无源之水，其源就是自然之美。

苏春生如饥似渴地汲取古代青绿山水画的精华。

一般来说，青绿山水的分类有工笔和意笔之分，前者以工致的笔法为特征。从六朝开始逐步发展，至唐代，李氏父子确立了青绿山水的基本创作特色，在北宋后期画坛的"复古"潮中，画家们将水墨山水精湛的"勾、皴、擦、点、染"的笔墨技法融入其中，创造出既艳丽而又脱俗的臻于完美的青绿山水。其中以石青石绿为重的谓之"大青绿山水"，如王希孟的《千里江山图》；作浅绛淡彩之后薄敷石青石绿的，谓之"小青绿山水"，如赵伯驹的《江山秋色图》。

两宋之交前后形成金碧山水、大青绿山水、小青绿山水3个门类，在元、明、清三朝各自发展并相互影响，以小青绿山水为盛。金碧山水重在金碧辉煌，大青绿山水长于灿烂明艳，小青绿山水妙在温蕴俊秀。

苏春生的大青绿山水画《春江明净载鱼归》《夕阳西下晚山青》色彩绚丽、明快、典雅，风格清新旷远，具高古气息，继承了元、明以来的画风，画出江天秀色。近处的山峦碧绿如翡翠，江中的船却成了布景，有动有静，如诗如画，表达出神妙之意境。

《春江明净载鱼归》《夕阳西下晚山青》中诗情画意的描绘，景与情的融合，都给我们一种美好的精神享受，真是"江山如此多娇"！欣赏这些作品谁会不产生热爱祖国大好河山的激情，谁会不生发出"乘风破浪会有时"的感慨？

外出旅行写生，每赴一处，总有佳作涌出，这是画家苏春生对中华河山、人文胜地、中华民族的柔情。

20世纪60年代苏春生在浙江美术学院师从陆俨少先生，曾跟随陆俨少先生至雁荡山写生，聆听教诲，受益匪浅。

陆俨少先生曾对苏春生早年的山水写生册"清游纪胜"题跋，称赞苏春生所作山水在"归家有味之时，逐有初写兰亭之妙"，鼓励他"情有专注必不雷同而幅幅多变，能使览者挹趣无穷当更入胜"；在《浙游写生集》中称赞他"志乎学，而径行其地，凡所目睹，图以记之，则更胜前人仅以文字形容已也"；为《黄山写生册》题跋，说他"二上黄山，前后宿数十日，穷讨极搜，无险不到，到则择其佳景，图之于册"，称赞他"耳目所接，可谓极天下之灵变者矣，发之于笔墨，循是以进而弗怠焉，其于画道，果有成乎"。以上可以看出苏春生当年勤奋地进行山水写生，这是其牢记陆俨少先生"循是以进而弗怠焉"诚言之践行也。

20世纪90年代始，苏春生在绘制巨幅山水画方面已有极高的造诣，请他作画的部门接连不断。

1990年，苏春生为上海宝钢大厅创作《江山如此多娇》山水画，应野平先生为画作题字；2001年，为浙江平阳县政府创作《南雁胜境图》；2002年，为海军上海基地接待大厅创作巨幅山水画《黄山光明顶之晨》；2006年，为汇京置业创作布置巨幅大画；2007年，为上海市委党校大会议厅创作《美丽中国，顺风万里》；2010年，为上海虹桥国际机场贵宾厅创作《黄海朝霞》，等等。

这些巨幅国画创作因其深邃的立意、宏大的构图、精湛的笔墨、秀丽的色彩，受到一致好评。"生活是艺术家唯一取之不竭、用之不尽的源泉"这一创作的真理再次得到了证明。

艺术作品忠实于作者，作者不具备的，作品当然不会显示。每每人们赞赏其画作之余，自然感叹苏春生丰厚的传统优秀文化素养，他研习传统文化几十年，孜孜不倦，笔墨自然愈发老到，娴熟应手。

历来的艺术大家，没有一个是靠否定前人来抬高自己的，他们都是通过辛勤的探索，最终拿出了有别于前人的艺术成果，从而在艺术圣殿占据一席之地。

正如吴湖帆先生主张的"人之好坏在性情之中，画之好坏即在笔墨之内"。苏春生对中国画笔墨的研究是极认真的，下了很大功夫。苏春生说："线迹之美，是画家对物象抽象美的高度概括，线条挺劲，均匀如春蚕吐丝，有力道并能游刃有余，这才是线条追求的美感目标。一个现代的中国画家，只有在前人的基础上去创新去突破，这样自己的艺术作品才会有生命力。"

古人云：画，心画也。信然！苏春生画的就是心画。

4. 佳作如云，好评如潮

苏春生如芳香的桃李，虽然不自己评价自己，但观画赏画的人却赞叹不已，好评如潮。让作品说话，听他人评议，桃李不言下自成蹊。

列夫·托尔斯泰认为，艺术就是人类情感交流，将自己的情感体验，用某种载体（声音、文字、图像）传达给别人，使别人也能感受到相同的情感体验。

苏春生的作品不仅使他自己获得了艺术快感，而且给欣赏者带来了审美愉悦。

2015年，华东师范大学艺术学院美术学教授孙乃树在介绍苏春生《绚丽多彩的大青绿山水——读画家苏春生新作有感》一文中写道：

> 上海著名山水画家苏春生先生的青绿山水画近作《危亭一览江天阔》在今年8月的意大利米兰世博会上斩获"中国名家艺术展"金奖。青绿山水画的浓重色彩、苏春生先生的尽情演绎、画面绚丽多彩的作品深深地打动了世界各国的观众，打动了众多国际评委。苏春生先生的画最终揽得头筹。
>
> 苏春生先生原是华东师范大学艺术教育系主任、上海海派书画院顾问、上海春江书画院院长。他长期从事中国山水画创作，其山水画技艺娴熟、笔力雄厚、别具风格。在研究传统山水画技法、开创写意山水别意新风的同时不辍隋唐大青绿山水的研习，精研唐代青绿山水的技法，直追先祖青绿山水的古艺古韵，恪守传承、刻意融汇、锐意创新。他创作的青绿山水坚持青绿山水初始的原韵，融入千年山水画演变的格致，灌注今人审美的

情调。他减除唐代青绿山水画浓重的庙堂之气，注入文人山水的清新之风，使青绿山水别开生面。

纵览中国绘画史，青绿山水是山水画的源头。

当中国绘画在唐代达到成熟时，人物画是唐代绘画的主流，但是我们仍然可以说起步晚于人物画的山水画同样是唐代绘画成熟完成的标尺。也许是与人物画同行之因、受人物画技巧影响之故，山水画一开始呈现的便是青绿山水的样式。青绿山水画面效果的富丽与华美、表现技巧的精致与繁复、材质运用的辉煌与珍贵使其适应了盛唐社会上层贵族豪华富庶生活的需要，台榭宫阙、亭台园囿、良辰宴饮无不是贵族生活场域和情景的描摹。

在隋唐，甚至可以推延至魏晋，青绿山水逐渐形成了一整套规整而复杂的技巧。青绿山水细笔勾描，石青石绿丹粉重彩，其富丽堂皇的气象正符合唐代艺术"焕烂以求备"的辉煌气势，越来越多表现自然山川的山水画在唐代被用于装堂饰壁，李白诗云："高堂素壁画蓬瀛"。唐代青绿山水的殿宇之气、庙堂之风乃是山水画成熟独立并能与人物画并驾齐驱的最重要原因。

如何继承青绿山水画的传统技巧，保持原汁原味的青绿山水的韵味，又如何发展青绿山水画的风格，创制青绿山水的新面貌，一直是苏春生先生研究青绿山水画的不懈命题。

在长期研习青绿山水画的过程中，苏春生先生对青绿山水的传统有深入的了解和把握，对历代不同的青绿山水的作品进行了仔细研究和吸纳。苏春生先生早年求学浙江美术学院（现中国美术学院），师从山水画大家陆俨少先生，陆俨少先生教授学生学画要追根溯源，从大青绿山水开始。陆俨少先生就曾开设青绿山水的专题课程，亲自示范，讲解青绿山水的绘画过程、技法和难点。恩师的亲授、正统的学院教育使苏春生先生的青绿山水画浸润着浓厚的基础和扎实的功夫。

苏春生先生的大青绿山水画突破的又一个难点是对材料的使用。青绿山水画的最主要特征是它使用矿物质颜料。矿物质颜料有鲜艳的色泽，同时又有很强的覆盖力，这既是它的优点又是它的难点。苏春生先生在长期的青绿山水研习中，熟练地掌握矿物颜料的涂染技巧，恰当地控制胶和水的应用；特别是他充分发挥和运用矿物颜料色泽鲜艳的特点，使画面显出特别明亮的效果。他以透亮的花青汁绿为底，敷以纯净的石青石绿，用大块而厚涂的青绿色彩铺染山石，少了隋唐展子虔、李思训、李昭道多墨色打底而形成的拙重沉郁的庙堂气息，多了明亮通透的清新。

如何在隋唐青绿山水画较重的庙堂气息中注入文人气息是苏春生先生青绿山水画创新的最重要命题。隋唐的青绿山水完全没有笔墨韵味，一律高古游丝描，一律空勾平涂。苏春生先生是深谙文人画技法的现代画家，孰能视皴法于不用，他的青绿山水中，山石的勾线已远超越高古游丝描，代之以粗放而略有轻重的的墨线；而在山石浓重的石青石绿之下，隐隐地能看到疏略的皴笔；苏春生青绿山水中的杂树崇林的用笔用墨抑扬顿挫，亦早已超过了唐代青绿山水的工整而饱含笔墨意蕴。此外，苏春生先生的青绿山水变唐代山水画中贵族佳人的富贵生活为文人士夫隐逸山林的情景。他的青绿山水场景已不是高堂深院中的贵族皇室出游的景象，而是文人士夫隐逸山林的田园溪岸、清泉危亭、风起云动、山清气爽、危岩深树、浅吟低唱了。他用唐代青绿山水的高古技巧，画丛林山原的野夫逸人，少了高深规整，多了野逸清趣，托庙堂之技抒文人胸臆。

苏春生先生的青绿山水近作，盈溢清新逸远之气。今天，能潜心研习隋唐肇始之时代的大青绿山水者已寥若星辰，而又能给出如此绚丽多彩、清新宜人画面的更是屈指可数了。愿苏先生更多地创作，以为承继，以为创新。

华东师范大学教授施亚西先生谈到苏春生的山水画时说：

苏老师作画挥洒自如。看他的笔法也不过是勾、皴、擦、染，诀窍也不过是掌握干涩、浓淡、轻重、虚实，但那支笔竟然如此听话，如此得心应手。可是，难就难在得"心"应手呵！他之所以能"得心"，是因为他心中有万千丘壑，这些丘壑并不是自然的录像，而是融入了他自己审美感情的意象，是被融化于他内心世界的自然美。他之所以能"应手"，是因为他熟练地掌握了丰富的笔墨技巧，从学习传统技法入手，不断师法造化，获得了丰富生动的表现力。

苏春生跟随陆俨少先生学画多年。陆俨少先生曾说过："一个人的智慧是有

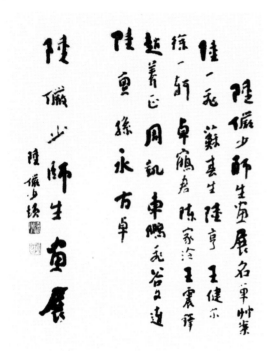

"陆俨少师生画展"陆俨少先生亲笔提名名单

限的。貌写各地山川对象,不能只靠一己的创造,我们不能从无到有白手起家,必须学习传统。"陆俨少先生学习传统全靠记忆加勤奋,凡看到古人的经典作品,必反复琢磨强记,晚上背临,直到把优秀传统的精华刻入脑中。他以博大的精神将传统融会贯通,终于形成了自己的笔墨语言而独步画坛。苏春生遵循师嘱,努力打进传统又努力从传统中打出来,所画的山水已不是荆浩的肆意纵横、关仝的笔简景少,也不是董源的林霏烟云和巨然的明润郁葱,而是儒雅、淳厚、宁静、温润、秀丽的"苏式山水画风"了。

2003年,"陆俨少提名弟子作品展"14人作品在陆俨少艺术院展厅展出。对陆俨少先生来说,开师生画展是遗愿,是这个殉道丹青一辈子的老人生前的念想,有他留下的亲笔手稿为证。对得到关爱并寄予厚望的参展画家来说,是追随恩师多年的弟子对陆派山水的感恩和继承。

2017年,上海书画家徐白看了苏春生的手卷后,以欣佩之情写下《凝神遐想,妙悟自然》一文:

此次,有幸在其展览之前先睹为快,欣赏其近十余手卷。

《涛声万壑起长松》以江南风景,岚色苍郁,长松虬劲。远山小树点缀而成,墨点淋漓。山上多云气,浅绛用色甚淡,释巨然、董源皆传其衣钵。

《深树烟泉山路分》为水墨山水。"夫画道之中,水墨最为上,肇自然之性,成造化之功"。其画透露出画家超然洒脱之陶养,士人文雅之思想。以文人水墨画与王维诗句共相呼应。溢发天机,超然尘表,绝非寻常畦径可及。

《昨梦黄山碧溪月》中其山水之大,广土千里,结云万里,群峰列嶂,以一管窥之。夫天地之名,造化为灵,设奇巧之体势,写山水之纵横,信笔妙而墨精,为苏先生画中之鲜见。

《翠叠春山又几重》为青绿山水。自唐李思训创青绿山水，笔格遒劲，赋色金碧辉煌，卓然自成一家。苏先生独标创新，色艳而不俗，骨健而凝重。力遒韵雅，万趣融于神思。

苏先生之山水以气韵求其画，凝神遐想，妙悟自然。山水气势雄横，钩皴布置，笔意森然。好写云中山顶。夫通山川之气，以云为总也，云出于深谷纳于愚夷。撑空渺渺，无拘升之。晴霁则显其四时之气，散之阴晦则逐其四时之象。造化之妙理。

苏先生凡画幅中人物贵纯雅而幽闲，其隐居傲逸之士，观古之山中人物殊为闲雅。

其绘画中松与点苔极具特色。其林木，苍逸健硬，笔迹坚重，贵有形势而取其力，曲折而俯仰。其松，若怒龙惊虬之势，腾龙伏虎之形，似狂怪而飘逸，似偃蹇而躬身。为松之仪，其势万状，变幻莫测。画不点苔，山无生气，苔痕为美人簪花，信不可缺者。

苏先生绘画以胸中造化吐露于笔端，倪忽变幻，象其物宜，足以启人之高志发之浩气。古人以为玩物适情，无所关系。

其画之境，格清意古，墨妙笔精，景物出闲，思远理深，气象洒脱。峰峦浑厚，气壮雄逸，笔力老健。默契造化，与道同机。

好的山水画作品，都蕴含大自然博大的气质以及宇宙中生生不息的精神。

胸中丘壑，笔底云烟。在苏春生的山水画中，云烟的描绘是非常有个性的，在大多数作品中，他都会为云留出大片的空间，只是在边缘处略加渲染。如此，山依云而添气势，云绕山以增妖娆。云与山互为映衬，相得益彰，营造了一个独特的艺术世界。

苏春生牢记父亲苏渊雷先生80岁时寄予的希望："天开图画，春满乾坤。"要永远感恩大自然。

苏春生的山水画透露出中国山水画大家的儒雅风范，既有宋代范宽的笔致精密而高古秀朗，又有现代的空间张力和造型变幻。《白云深处听潺湲》则笔意畅朗而墨韵浓郁，构图跌宕奇崛而虚实相应，从中可见对其师"陆氏山水"的吸纳，又有笔墨皴法的突破。他的画给人的感觉是那种柔美高古的意蕴、神骨灵动的气度和诗意浓郁的格调，更有一种文人画的境界体现在他的山水画中。也就是说，他的每幅画都是一首诗，一首有意境的诗，文学性极浓。当你走进他的水墨之中，却发觉那是一个真正充满色彩的世界，在那里，你会迷失在一片一片瑰丽的色彩中。

苏春生对绘画语言有独特的见解：笔墨线条为中国山水画注入了意象性、抽象性与情感性。它不是描摹自然，而是以线写心，以线畅神，线是中国山水画赖以存在的基础和核心。读苏春生的山水画，会让人许久不愿走出，这就是他的山水画的魅力所在。藏在画后的那种独特的艺术感觉，如《千峰迎晓日 万壑布春晖》，构图饱满丰逸，以线造型，用笔赋形，但并非只凭色彩、线条就能表达出来那种艺术感觉，那是一种文化的厚重，一种传统的厚重。这种厚重在陆俨少先生的山水画中是屡见不鲜的，它是知识的积累、文化的积累、艺术的积累。

到过黄山的人都知道，在黄山的奇峰、怪石、云海、瀑布这四大奇观中，最壮丽无比的要数云海，说来就来，一阵风吹来，本来清幽碧翠的群山霎时隐没在茫茫云海之中。画过黄山的画家，也最喜欢在笔下表达云海，然而却又很难描绘那千变万化的云雾。苏春生认为，山水画的魅力，最深层的乃在于天人合一感应中的观照人生。

现任华东师范大学艺术学院美术学教授孙乃树先生在谈及其师苏春生的山水画创作风格及作品时说：

> 苏春生先生山水画注重笔墨的特征可能更多地源自陆俨少先生山水画，陆俨少先生山水画的独特风格是其用笔用墨的大起大落，无论大画小画，笔和墨的反差远比古代绘画要强烈、要鲜明、要突出，陆俨少先生说："笔既要提得起，还要揿得下。""提得起，用笔尖，揿得下，就要用笔腹、笔根。小揿用笔腹，大揿用笔根。"陆先生更极端地提出："要一揿到底，揿得重，揿得杀，不管笔头上水多水少，或湿或干，要有决断，无所疑忌。"这是陆俨少先生超越古人的秘籍，古人在笔墨的开合对比节奏的运用上远不及今之陆俨少先生。看苏春生先生13.5米的山水长卷《水墨黄山卷》，就是陆俨少先生的这种方法的极好演绎。正是这种大起大落的笔墨营运，才能有酣畅淋漓之痛快，才能有疏密聚散之节奏，才能有抑扬收放之豪迈。黄山之山疾走于环宇，黄山之云缭绕于峰巅。云山之气势在笔墨起落中、在位置排布中即生即起，动人心境，感人肺腑。
>
> 20世纪80年代苏先生有几幅小画亦是笔墨运用之极致之作。《黄山

烟云》《雁荡龙湫》两幅，近景中山石树冠落墨之重、中远景云霓山峦用笔之果断和爽利，粗拙圆润的中锋钩勒的山石轮廓与粗笔点皴的皴染融合，皆是其笔墨修养的神来之笔。《雁荡龙湫》中前景山石的勾皴虽仅一墨色为之却五色具备，虽无分披麻斧劈却点舌皴染互渗；《峡江轻舟》中的中近景、《匡庐雪瀑》中的中远景的勾皴皆无规范的法式，却点舌皴染前后穿插、左右揖让，恰到好处的丰富和完整；《清漓春晓》近山中段水墨淋漓的泼墨点染，重心下移的远山的淡墨濡染飞白留痕；《巫山云雨》的满构图与留白的节奏变换，轻烟淡然又线墨凝重，相让相衬；四五幅小画皆淡墨轻染的飞瀑流云，笔重墨厚的山水氤氲，得之于真情，得之于化境，得之于自然之意，得之于笔墨之极。这四五幅画仅 27cm×13.5cm 大，虽巴掌尺幅，却尺幅之间，存云山开合，方寸之间，得大画气象。

2000 年以后，苏春生先生的山水画向更为厚重更为深沉的方向发展。2006 年的《雨后黄山铁铸成》、2009 年的《山色空蒙松色翠》和《千峰迎晓日 万壑布春晖》，以及 2017 年的 4 幅《黄山韵》组画，都是 6 尺大幅，都运用宋代范宽的钉头皴法，满幅满皴，厚重、挺拔、饱满、峻峭。其中《千峰迎晓日 万壑布春晖》尤为气象宏大。6 尺大幅仅在右上角留一空白为透气之口，其余布满浓密的钉头皴，山重水复重峦叠嶂，好不浓重、好不雄伟、好不壮丽。整幅作品气势博大、壮丽宏伟，犹如范宽《溪山行旅图》之厚重茂密、沉着敦实，山峦间布满姿态各异的苍松，引领着山的走势，营造着群峰的蜿蜒。然而细看山石的皴擦，并不完全类似范宽的粗拙的大笔点舌，而仍是苏先生独特的由斧劈而钉头长披麻的新皴法，在厚实中透出秀润，在繁复中杂糅空灵，笔墨间江南文人的气质跃然纸上。

海上中国画学者、著名美术评论家舒士俊先生在 2014 年初秋，看了苏春生近期所作的一批《清游纪胜图》，在其后出版的《清游纪胜——苏春生卧游图册》的前言中写道：

> 苏春生让我看了其近期所作的一批清游纪胜图。他画名胜，显然并非为沽名而求全，以往游历印象最深的如黄山、雁荡山、西双版纳和新疆喀纳斯，他往往会一画再画；但他又不拘实景，这批山水有意纯用水墨、摒

苏春生作《清游纪胜》系列

却色彩,显示经记忆陶洗和艺术澄化而现黑白灰映衬的苍茫气象。所画虽脱略形迹、气象万变,但其各自鲜明的胜地特征,却是一望可辨,是谓不似之似也。

画卧游图苏春生时见意兴纵横,如其《石钟远眺》《喀纳斯晓雾》等图,竟采用凌空俯览视角,颇见气象之奇。其画中空白之运用,则随图随景而变,使寥阔江山之气局或呈平远或见高远,各有其致。他长于挥写婀娜劲逸之长线条,笔性秀逸平稳,乍看似少花俏之变,却因其气局之变易,用笔沉稳反倒成其系列风格之内蕴机杼,并为其尔后墨法之幻变,提供了铺垫的契机。如其《烟雨漓江》《澜沧轻舟》《喀纳斯晓雾》等作品,皆因墨法泼写之鲜灵而别具神采。

苏春生笔下的山川,既具各地的风光特色,又有他的个性特点。黄山的峻秀、泰山的雄伟、三峡的壮丽、西湖的旖旎、富春的清幽、桂林的秀丽……莫不各具其天然特色而又显示出清新隽雅、郁茂苍茫的风格。他的绘画构图严谨自然,宏阔奇逸,表现了生动的空间构造能力和视觉审美张力,体现了画家鲜明的艺术个性,是其人生学养、视野宽度和思维深度的总体反映。他格外注重传统,并以将传统发扬光大为己任,以其丰沛的学养为基础,下笔文脉自有气象。他不对传统进行复现,而在其精华的框架上构筑自身的境界,收获"苏氏黄山画风"的海内外美誉。

欣赏这些触及画家灵魂深处的作品,人们不仅会由衷感叹,这一切岂止是画家用画笔来描绘的,而是其用心用自己的激情来描绘的。

十二

生命不息,攀登不止

热爱人生,热爱事业,热爱祖国,热爱大自然的山山水水,可以使人充满希望,使人活得快乐,活得有滋有味。世界是精彩的、美好的,热爱它的人才能感到希望。热爱生活的人才能由衷地赞叹,世界真好!人生真好!

在知识的山峰上登得越高,眼前展现的景色就越壮阔。

十二、生命不息，攀登不止

世上有许多高龄之人，活到老，学到老，工作到老，生命不息，工作不止。

国外有一批长寿的企业家，他们因劳而寿，因寿而为社会多做贡献。日本的士光敏夫，70多岁时仍能胜任日本经济联合会会长；美国的汽车大王福特，在80岁左右时仍照常出席董事会；日本的松下幸之助，在80多岁时仍以公司董事长的身份经常参与决策；美国的"可口可乐之父"伍德鲁夫，在90来岁时仍然十分健朗，力求开辟新的市场。

国内也有一批寿星，既长寿又成绩斐然，寿与业绩齐名，如齐白石、张大千、钱学森、杨振宁、费孝通、季羡林等。

苏春生的父亲苏渊雷先生也是如此，活到老，干到老，88岁那年，曾到浙江桐庐采风。

苏春生和父亲一样，也是老有所为，老当益壮。70岁以后，苏春生仍为艺术忙碌，祖国大地到处仍有他的足迹。

70岁，苏春生的3本书出版。一本是上海人民美术出版社出版的《中国画山水技法教程》；一本是天津人民美术出版社出版的《当代画史（珍藏版）》；另一本是上海人民美术出版社出版的《山水清音——苏春生山水画集》。

71岁，"苏春生教授山水画展"在嘉定陆俨少艺术院展出。

72岁，"海上二苏华亭展"在松江程十发艺术馆举办。《海上二苏华亭展作品集》《荣宝斋画谱·苏春生卷226辑》《海上二苏书画作品集》同时出版。"海上二苏书画展"为庆祝苍南建县30周年在老家苍南县展出。

73岁，苏春生赴济源王屋山、太行山写生采风。同年赴郑州参加"全国山水画大展"。苏春生被"海上画坛"评为最具学术价值的十大"海上画家"之一。

2021年，苏春生创作《朱砂冲哨口晨曦》

74岁，苏春生参加"上海书画名家精品慈善义拍"拍卖活动。在平阳举办了"海上二苏暨雪堂书画研究院书画作品展"并去南麂岛采风。同年，在上海玉佛禅寺主持、参与了父亲诞辰105周年纪念活动。苏春生用整整一年的时间拍摄《卓尔不群——国学大师苏渊雷》专题电视片，不辞辛苦地奔走在上海、杭州、黑龙江、温州等地采访拍摄，收集素材。同年，举办了"海上苏氏书画展"，由上海苏氏联谊会主办。并出版《海上苏氏书画作品集》。参加"采撷黄岳法古黟——名家黄山画展""黄山书画院精品展"。

75岁，出版《清游纪胜——苏春生卧游图册》。同年，在郑州举办了"海上二苏中原书画展"，在上海笔墨博物馆举办"丹青翰墨诗传神——海上文化名人苏渊雷纪念展"。参加"米兰世博会中国艺术名家展"获金奖。"海上墨韵——苏春生、郑孝同、胡考三人书画展"在南京展出，同时出版《海上墨韵画册》。

77岁，"墨海三友——苏春生、郑孝同、胡考书画精品展"在上海吴昌硕纪念馆展出，同时出版《墨海三友画册》。同年，嘉定华亭画院成立并创办墨海三友工作室，举办"墨海三友展"。在上海虹桥国际机场大厅画廊举办海派山水苏春生等四人展。

78岁，参加香港举办"庆香港回归20周年璀璨天工·艺术大家作品展"。同年，"苏渊雷、苏春生丹青翰墨文献展"在韩天衡美术馆开幕，出版《苏渊雷、苏春生丹青翰墨》画册（与王琪森一起主编）。出版《云山入梦——苏春生山水卷图集》。参加"再出发——华东师范大学美术学院首届教师作品展"。

80岁，作品《黄山韵1—3》参加"风起海上——华东师范大学美术学院教师作品展"，并入选《风起海上》画册。

苏春生今年82岁，仍身体健朗，龙行虎步。参加由陆俨少艺术馆与上海渊雷文化艺术基金会举办的庆祝中国共产党成立100周年"井冈山、太行山颂——上海市山水画名家作品展"。作品《朱砂冲哨口晨曦》《太行朝晖》出神入化，获得参观者的一致好评。

……

苏春生一路走来，风风雨雨，不辞辛苦，老骥伏枥，不知疲倦。他像一头老牛，耕耘不止。虽是年逾80岁高龄的老者，但他的心仍年轻，仍朝气蓬勃，仍在艺术的山峰上攀登，仍在艺术的道路上奔跑。

画了一辈子山水，苏春生德艺双馨，早已炉火纯青。他的手、脚、眼

2021年，苏春生创作《太行朝晖》

一直没有闲着，他的脑子更是没有闲着。他思索着他的一生，思索着他对艺术攀登的感受。

苏春生感悟：其山水画构图注重层次、意境。一方面，他凭借着"书香门第"及父亲的多位国画大师知友早年的辅导，以及在浙江美术学院求学时受恩师陆俨少先生的开悟，收获满满。另一方面，他以黄山为友、为师，深入进去寻找自我表达的笔墨语言。苏春生的山水画吸纳了历代传统山水画的技巧和语言，又依循陆俨少先生山水画之笔墨韵致，融会贯通沉淀在自己的表现手段中。

苏春生以其胸有丘壑，无论深山大壑、重峦叠嶂，或平林远岫、板桥流水，总是蕴藉含蓄，虚实变化。笔下"高远""深远"图景，尤能见其气韵生趣之特点，山石以擦代皴，其山峦无斧劈雕琢之痕，苍中含润。树林茂密，树法丰富，参差纷披，虚实相生，意丰景逸，把传统中国画构图之长处，表现得尤为充分。

所以，他的成就源于父、师、大自然的恩赐，他感恩父、师、大自然。

古人说："江山如画"，"天开图画"。杨升庵在 12 岁时也写过："会心山水真如画，妙手丹青画亦真。"会心不远，同具胜解。这说明了艺术可以提高自然的形象。

苏春生感悟：自己的所绘山水汲取唐、宋以来诸家之长，而参以数十年游历所得大川名山之气势，在数千里的行程中，饱览了大自然造化的杰作，揽胜撷秀，将大自然之真本罗至腕底，加上数十年的教学经验，融化妙造。这是自己师法大自然汲取艺术营养，在大自然的熏陶下获得的结晶。笔墨技法，必须崇古出新，浑雄古拙与清丽典雅结合得十分完美，创造出朴茂古雅、谨严苍厚的独特面貌，情感的表达更为鲜明，特别是画山画云，用渲染法把云霞与山林结合得非常协调。因为表现云要靠山和树的对照，或者靠其他物体的对照，云本身仅仅是一个对比关系中的主体。西洋画家画云是用色彩将它记录下来，而中国画最重要的传统是写意。我们有五千年丰富的文化历史积淀，在山水画中，画黄山的人很多，但大都画奇峰、怪石、树木，画云雾是一笔而过。因为实的东西好表现，虚的东西很难画。云、雾是看得见、摸不着的，要在画面上固定它的具体形象，难度是很大的。因此创作必须开山水画的一条新路，在画坛上，要独树一帜。无数成功的经验告诉我们，以古人为师，不可缺，缺则学无本源；但更要以大自然的造化为师，忽视了这点则毫无生机，休言新面。

所以，苏春生感悟：艺术真是"同者死，异者生"。

中国画以线条结构为主要表现形式。中国画的线条从狭义看，一个画家的线条，其本质必然是他自己。画家底蕴、功底到了什么程度，通过他的线条可以看得出来，他的修为，他的节奏，他的特点，这就是他！

从广义的角度上来讲，线条是气韵生动的关键。中国画的线条用笔不是一般绘画中的线描，也不是转、折、顿、挫、浓、淡、干、湿那么简单，而是具有文化情感的书法用笔在中国画中的体现，皆有"笔性"可言，是画家把握作品气韵生动的关键。因此，看笔墨法度与笔性就成为历来审视中国画作品的主要审美要求。文人画尤其讲究笔墨精湛、境界

苏春生　《黄海松峰》

高华。中国画艺术的深刻就在于，一根线条反映的是中国五千年文明的哲学、美学，以及个人自我修为、习性、功力的统一体。所以中国画非常重视笔墨。苏春生说："线迹之美，是画家对物象抽象美的高度概括。力道挺劲，均匀如春蚕吐丝，并能游刃有余，这才是线条追求的美感目标。一个现代的中国画家，只有在前人的基础上去创新去突破，其艺术作品才会有生命力。"

苏春生笔墨功夫堪称出神入化。他不仅很好地传承了前人的文脉画风，更有自己的个性和超越。苏春生的山水画厚重清新，面貌多变。厚重沉着来自传承，清新秀丽来自创新。可以说，苏春生是中国山水画最纯正的笔墨技巧和山水画技法的传承者，又是推动中国画走向现代的不倦创新者。

诗情、画境，在艺术创造的总过程中，不论形式或内容，总是息息相关，联结在一起的。要悉心体会，拟议变化，达到移情忘我、天人融合的境界，则艺术能事毕矣。当然，诗书画三绝与金石篆刻"四通"，一身兼备，那是不容易的。艺有专精，

道通为一，应是艺术家永远追求的理想。

所谓艺术，从来就是技艺与境界的完美结合。

宏观的文化视野、丰富的艺术修养和学术积淀，加上独特的生活感悟，一旦转化为艺术形象和笔墨语言，往往会迸发出常人难以企及的艺术之光。古代和近现代画史上，顾恺之、范宽、董其昌、刘海粟、黄宾虹、傅抱石、陆俨少等就是杰出代表。苏春生便是当今中国山水画创作领域中的翘楚。

苏春生认为："中国画是心灵的艺术，感觉的艺术，是语言表达不出的艺术。"画如其人，从一个人的画可以看出其性格修养，知道其是扎实的，还是哗众取宠或随大流赶时髦的，画家的个性就在其画作中。苏春生不仅给后人留下了中国山水画的珍贵画作，也给后人留下深刻的艺术创作感悟。

今日苏春生的绘画艺术上正日臻炉火纯青的境地，不难想见，苏春生在卓成大家的艺术高山上，一定会跃上一个新的峰巅！

十三
谈古论今,承继经典

知识不是某种完备无缺、纯净无瑕、僵死不变的东西。它永远在创新,永远在前进。知识本身就是永远处在不断创新发展的过程之中的。

人生应当不懈地探索新知识,增加新知识,这样生活才有意义。

文化有三性：一是继承性；二是吸收性；三是创造性。继承是历史的传统，吸收是时代的潮流，创造是民族的形式。古代书画、文学精品是历史的产物，是特定历史环境中先贤们思想、情感的结晶，历经时间考验，至今仍然显示出广博深厚的文化底蕴。历史证明，这些精品焕发出的浓郁的艺术魅力，具有穿越时空的价值。中国画是一种特别强调文化精神的绘画，区别于其他绘画的是，它要求作品中人文境界的文化意义大于绘画本身的含义，这便构成了它的特殊性。因而也向中国画艺术家提出了高品位的文化素质要求，可以说文人画就是中国古代文明在绘画中的综合体现。

中国书法因富有线条之美，所以画家赵之谦用隶法画梅，吴昌硕用篆法写竹。诗画互通，中国画家惯以题诗补画境的不足，或化诗情为画境，以寄遥深的感兴。苏东坡称王摩诘"画中有诗，诗中有画"，实为知言。

中国山水画分青绿与水墨两派，花卉分勾勒与没骨两派，至宋又有文人画出现，苏轼、米芾好写寒林竹石，以意境为尚，自别于古典的院派。而南宗山水，其影响且远及荷兰的风景画与印象派之创作。

苏春生感叹：五千年悠久的历史，灿烂辉煌的文化，凝聚了我们祖先对自然、社会和人生的深刻感悟与宝贵体验，表达了他们的思想感情、品格修养、审美情趣，积淀为深厚的民族精神，深深地影响了后世的中华儿女，是先贤留给我们取之不竭、用之不尽的精神宝库。中国山水画源远流长，一方面描绘了大自然无穷的丰富景象，另一方面又展现了画家寄情山水的精神境界与哲学思想。

中国的山水画简称"山水"，山水画家以山川自然景观为主要描写对象，传统上按画法风格分为青绿山水、金碧山水、水墨山水、浅绛山水、小青绿山水、没骨山水等。

孙乃树教授在介绍苏春生大青绿山水画的传承与创新时评论道：

> 苏春生山水画的又一大特色是他的大青绿山水画，他的大青绿山水是严谨的传承，又融会变革与创新。中国古代以丹青喻绘画，乃是表明中国古代的绘画是看重色彩的，并非只是水墨，尤以沉着厚重的矿物质颜料运用为重心的重彩乃是唐代以前绘画的基本面貌。在唐代，工笔重彩的人物画最兴盛，而山水画在唐代已开始兴起，亦为工笔重彩，所谓"始于吴，成于二李"。李思训、李昭道父子可谓山水画之祖，所以追溯工笔重彩的青绿山水就是追溯山水画之最古老的传统。而苏春生的青绿山水便是寻古，便是追寻山水画最古老的传统，所谓"大青绿山水"。隋唐以李思训、李昭道父子为代表的大青绿山水是没有皴法的，"空勾无皴"，画山画石皆用勾线平涂的方法绘制，李昭道的《明皇幸蜀图》是最具代表性的名作。而唐以后宋代的青绿山水则开始加入了皴法，北宋王希孟的《千里江山图》便是代表，他的山石是有加皴法的，更丰富了大青绿山水的技法。时至近现代，最亘古醇厚的大青绿山水已少有人研习。
>
> 苏春生的青绿山水直追隋唐，是纯粹的"空勾无皴"，他用挺拔凝重的中锋线条勾勒山石的轮廓。因为无皴，苏先生便将山石的结构勾勒得分外具体清晰、层次分明：大小山石的相间相杂，具与细的参差节奏，来龙去脉的蜿蜒布局，开合呼应的起落架构。敷色是大青绿山水的关键，苏先生是习得传统大青绿山水画法真传的少有的现代画家，颜料该怎样选备，石青石绿赭石墨色该怎样分布，画面的色彩调子该怎样确定，都是有理术和章法的。《晓日春山图》的石绿主调，《松叠千重翠　山连万里云》的石青调子，《锦绣漓江》的重赭石的运用都是其各具特色的控制和表达。他充分运用石青石绿颜料厚重、覆盖力强的特征，在打过底色的画稿上层层敷染。厚重而不污浊、明丽而不轻浮，跳出了古代绘画的重拙，加入了现代绘画的鲜明。他会在平涂的石色中加入些许的渲染，加重了山石的层次，又不失平涂的古典特征。苏先生的大青绿山水可谓是在延续了中国山水画最正统的精神和技巧的基础上，加入了时代的情趣和意境。

安格尔是法国古典主义画派的领袖人物,他的言论影响颇大,也十分有代表性。他在《安格尔论艺术》中说:"只有在客观自然中才能找到作为最可敬的绘画对象的美,您必须到那里去寻找她,此外没有第二场所。"

北宋画家范宽深入山川,长居华山、终南山等山林之中,并对景造意,将崇山峻岭的雄强气势和老树密林的荒寒景色生动地呈现于笔下,创造了中国山水画的高峰。其山水画构图的复杂与高妙、意境的深远与神秘、山水的气魄与气势、通篇的气韵、用笔的古朴与骨力均达到了很高的境界。

苏春生认为,一个画家也只有不拘泥时空,走到生活中去,走到大自然中去,走到千山万水之中去,抓住自然之气、韵、意境、生机,才能看到山水的真面貌。这也就是为什么石涛、弘仁乃至刘海粟、陆俨少笔下的黄山都各自不同而又都是黄山。

苏春生说:"中国画所追求的笔、墨、气、韵、意、趣、神、势、情、境等各种特殊审美范畴应当成为中国画所体现的中华文化精神。"

诗和画有着有机的内在联系,要绘声绘色,使形象跃然纸上,就一定要在深入的基础上提高,并且要能深入浅出。重笔浓彩画实,轻笔淡墨画虚。要由近及远,层层推进,近者水净沙明,远者咫尺千里,表现出奇峰突起、波涛汹涌和远山如眠、远水无波的境界。不要拘泥于形式,笔笔俱到,以至画蛇添足,影响艺术效果。由此可见,艺术的造型和诗歌的琢句都贵在有"活法"。

中国禅宗思想里有"三步曲":看山是山,看水是水;进而看山不是山,看水不是水;复而看山又是山,看水又是水。这也正是中国画家成功的"三步曲"。

中国画强调的"意境",实际上是禅宗极大地推动社会审美层次发展的结果,"意境"和"禅境"在本质上有着一致性。在中唐,王维用破墨表现山水,追求一种幽静、淡泊、空寂、玄远的意境,后被推崇为"文人画鼻祖"。他对中国画的意境追求立足于诗画的结合上,以诗入画。他的诗画之境是"诗中有画,画中有诗"的"禅宗之境"。到了宋代,王维的诗画结合在苏轼那里又进一步得到发展。苏轼提倡天真自然,对画论的贡献很大。他与同时代的黄庭坚都和禅师交往甚密,其观点也与禅宗"本自天然不雕琢"的观点极为契合。

无论是写诗还是作画,创作的意图不外描写自然、反映人生,通过笔墨、文字、韵律,以达抒写性情、追求美的享受的目的。创作的总过程,无不经过取材(包括构图、立意)、运笔(包括笔触、炼句)、点染(包括烘托、修辞),以达写意造境的艺术效果。

宋代马远的《寒江独钓图》描绘浩渺大江中漂来一叶扁舟，一人在船头垂钓，巧妙地以大片空白突出了江水的辽阔和钓者的悠闲。画中小舟与大江的对照，虚与实的衬托，使人感到一种"清空寥旷，烟波浩渺"的意境。

宋代郭熙的"画是有形诗"和明代董其昌的画中词意等论说，尽管对意境有不同的字面解释，但从实际作品的分析和感受上来说，一般都是把意境指作具有空间境象。

诗是无形画，画是有形诗。诗画相比，虽艺术特点和创作规律各有不同，一是借用语言、韵律、声音，另一是借用笔墨、线条、色彩来捉住灵感，再现和表现事物一刹那间的情景，但两者就像牵动荷叶带动藕一样紧密联系着。

在欣赏中国画的时候，结合画家的个人经历，用心品味，这样才能进入画中世界，去感受画中所描绘的一景一物，去感受画家内心深处的情感世界，去领略人生之奥妙，这也是中国画意境的魅力所在。

书画同为反映自然的艺术表现形式：一是点画线条，另一是色彩笔墨。而这两者在驱使笔墨、创造意境的过程中，也有自然辩证、有机联系的一面：有时意在笔先，有时意到笔到，有时意到笔不到，有时以虚为实。邓石如说："字画疏处可以走马，密处不使透风，常计白以当黑，奇趣乃出。"即使在一幅画中，对于空间境象没有给以实际的描绘，却能使人引起间接的对境象的丰富联想，也能产生意境。如清代郑板桥所画的一些墨竹，虽然只有疏疏几枝，却叫人联想起一片雨后清新的境象。更多表达意境的方式在于作品的空间。大家都十分熟悉的近

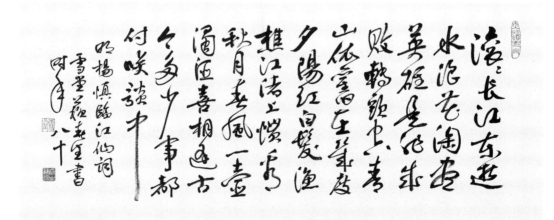

苏春生书法作品

现代画家傅抱石、关山月合作的《江山如此多娇》巨幅山水画，画中那层叠的雪山、茫茫的云海、碧绿的苍松、飞流的山泉、闪耀的红霞和初升的旭日，让人体会到一种欣欣向上、气势雄壮的意境。

苏春生认为，画家画画也要情感充沛。一幅作品如果不能感动自己又怎么能够感动别人呢？中国

苏春生　《奇峰耸秀》

画家画黄山，绝不是站在某一个固定地点，取某一个固定的角度画其眼所仅见，而是全面观察理解以后加以表现，好像是站在黄山的上空。古人说的"以大观小"就是这个意思。石涛画黄山曾将距离二里的"石虎"与"鸣弦泉"画在一起并题诗："何年来石虎，卧听鸣弦泉"，这在艺术上是完全允许的。

艺术应比真实更高、更集中、更概括。形象要真实与美统一，真实使人信服，艺术性叫人感动，要运用自己的全部修养把自然提高到更美的境界。中国画的意境不只是情与景的融合，而且也是艺术家的思想、观念、理想和客观景物的融合。

苏春生感悟学习书法时说："写字临帖很重要，这是要下苦功的。字写好后顺静心与碑帖反复对照，像与不像，找到差异再临，写字之事是急不出来的。写字先要形似，然后才会神似，这是古人修身养性的高妙之处。"

晚清刘熙载在所著《艺概》中有"书概"一卷，专论书法。他论书法的一条重要原则是：将书法作品与书家的内心世界、志趣品格联系起来。"书，如也。如其学，如其才，如其志，总之曰如其人而已"，指出了书法作品的高下与书家的才能学识密切相关，而最重要者在"志"。

苏渊雷先生在《情想无碍，天人合一——漫谈诗画同源、通感的关系》一文中写道：

> 不仅诗画同源通感，文学、艺术、哲学同样息息相通。要知人能参赞天地之化育，万物乃宇宙之宾词，宇宙和人生尽管物我对立，但是可以通过人类思维的奇特功能吸收它，涵盖它。马祖曾说："一口吸尽西江水"，我们就要有这样的气魄。诗人画家都要有这种本领：一笔下去，能使"山从人面起，云傍马头生"（李白），"天地黯惨忽异色，波涛万顷堆琉璃"（杜甫）。主观上有了这海阔天空的胸襟，然后作起诗来，画起画来，就能达到俯仰宇宙、手挥目送、诗中有画、画中有诗的理想境界。

苏渊雷先生在《漫谈诗书画》一文中写道：

> 中国书法绘画具有一种突兀、浑然、葛藤之美。无论就用笔用墨，或布局构图说，都有独特的风格。"庄老告退，山水方滋"，那种反映小农经济的田园诗和山水画的兴起，正是时代的契机。像顾恺之的"传神阿堵"，王维的"雪里芭蕉"，张长史有见于担夫争道而悟书势，颜鲁公有见于"夏云多奇峰"而得草法，石涛之"搜尽奇峰打草稿"，种种画理与草法的揭示，处处参有理想与现实调和、自然与人生一致的世界观。

苏渊雷先生在《书法悬谈》一文中写道：

> 古人学书不尽临摹。每张古人书于壁间，观之入神，则下笔时可随人意。学书既成且养于心中，无俗气然后始可出以示人。凡作字须熟观魏晋人书，会之于心；使心不知手，手不知心，得心应手，渐近自然。
>
> 所谓"笔性墨情"，皆以其人之性情为本。书如其人，人俗书亦俗。因之读书阅世，十分重要。

文人书法是中国艺术的主流。传统文人推崇文墨兼优，中华祖帖《平复帖》就是晋人《文赋》作者陆机问候朋友的手札，流传至今，成为故宫博物院的镇馆之宝。

苏春生家珍藏有其父苏渊雷先生与近百位知友、文友，如马一浮、沈尹默、章士钊、顾颉刚、潘伯鹰、林仲述、施蛰存、高二适、钱钟书、苏步青、赵朴初、真禅法师、南怀瑾、艾青、陆俨少、陆维钊、朱大可、吴湖帆、周谷城等来往问候的书信手札，见证了19世纪初至19世纪末前的中国知识分子的交往，史料弥足珍贵。

苏春生受其父亲影响甚深，也喜欢用毛笔写书信。每逢新年，苏春生总爱用古色古香的洒金便笺，写上"如意""阖家幸福"等吉祥文字，落款为"春生拜年"，并加盖红色印章，作为贺岁礼物，别出心裁。如今，文人书写的传统大都消失，像苏春生这样承继传统，承继家风，书画俱佳者，凤毛麟角，怎不让人羡慕、敬仰。

艺术的永久生命力就在于它具有不可替代的独创性，艺术创作体现的就是艺术家全部的修养和智慧。只有具有深厚的艺术修养和对生活认识深刻的艺术家，才会在艺术创作中产生深挚的情感，才会在生活对象面前自觉或不自觉地产生创作激情，才会创作出具有一定艺术意蕴和神韵的艺术作品，才能达到他所处时代的历史应有的艺术高度，成为具有时代代表性的艺术家。年过八旬的苏春生回忆艺术道路上走过的风风雨雨，不无感慨，他说："只有敬畏传统，感恩自然，克服心浮气躁状态，才能创作出无愧于民族和时代的作品来。"

中华优秀传统文化是中华民族的根与魂，我们应当努力创新与发展中华优秀传统文化，不断赋予中华优秀传统文化新的时代内涵，让优秀传统文化融入人们的精神生活中。现在是"华旸出谷天下明""举国欢腾开新纪"的新时期了，中国画也和其他姊妹艺术一样，又开始浪迭千层，

苏春生　《阳朔大榕树即景》

波翻万里，一起滚滚向前了。让我们胸怀日月，笔舞东风，热情歌颂新时代，努力创造出更新更美的画卷，为实现中华民族伟大复兴提供精神动力和智力支持。

苏春生说："世事沧桑，人生易老。但幸有白日相陪，有青春作伴，有不肯交还的画笔在手中紧握，有不灭的艺术追求在心中燃烧，我相信，我的艺术创作与旅程还没有结束，前面还有新的挑战和风景。"

"在进入 21 世纪的今天，艺术家要多研读中华传统优秀文化，承继经典，融会贯通，创新发展。站在时代的制高点上自觉驾驭艺术规律，创作出更多受人民大众喜爱的具有艺术生命力的珍品。"这是苏春生的肺腑之言。

黑格尔曾热情洋溢地写道：朋友们，朝着太阳奔去吧，为了人类的幸福之花快点开放！挡住太阳的树叶能怎么样？树枝能怎么样？……拨开它们，向着太阳，努力奋斗吧！

苏春生现正朝着艺术高峰的明天奔去，不忘初心，让作品说话，必将赢得丰硕的成果。

我们相信！

我们期待着！

附 录

我们热爱祖国,不仅应当爱她锦绣的河山,勤劳的人民,优秀的文化,更应当用自己的心血和汗水为她的河山添彩,为她的人民造福,为她的文化增辉,为她的繁荣富强奉献。

我们每一个人的命运和祖国的命运息息相关。

苏春生艺术年表

1939 年　生于山城重庆。

1945 年　抗战胜利，6 月与父亲（苏渊雷）随红十字会卡车，东归南京，历时 1 个多月。途中经西安、郑州、洛阳、开封、潼关等地，并访名胜古迹。

1948 年　举家由南京迁往上海，住永嘉路中华工商专科学校内。

1952 年　上海世界小学毕业，自幼爱好绘画、篆刻。父亲挚友书画名家唐云、钱瘦铁、江寒汀、张大壮、谢之光等先生常聚苏家，诗酒流连，挥毫作画。耳濡目染，立志学画，拜唐云、钱瘦铁先生为师。

1953 年　初中就读于南洋模范中学。中学时代积极参加学校美术组活动，创作国画作品，受到学校老师、同学们的好评。

1954 年　父亲由华东统计局调至华东师范大学历史系任教。

1958 年　父亲被错划为"右派"，降薪降职，调往哈尔滨师范学院工作。

10 月　举家迁入哈尔滨市。

1959 年　上海第五十四中学高中毕业，绘画得张大千弟子伏文彦老师指教。秋考入浙江美术学院中国画系，院长潘天寿先生，班主任为顾生岳老师，第一堂课是吴茀之老师上的白描花卉课。

1961 年　国画系二年基础课完成，遂选修山水科专攻。

1962 年　潘天寿院长与上海中国画院商议，借调陆俨少、俞子才两位先生定期来院讲课。

1963 年　陆俨少先生带山水画班同学去雁荡山写生。六四届国画班毕业实习，去北京故宫、大同云冈石窟、西安博物馆等地参观学习。

与同学吴山明、金光渝、应洪声及姚耕云老师同赴井冈山，搜集毕业创作素材。

与吴山明、倪绍勇、李绍然同去梅家坞龙井村，体验生活，搜集毕业创作素材。

去浙江富春江写生。

1964年　在校五年得陆俨少、潘天寿、陆维钊、顾坤伯、陆抑非、俞子才、方增先等先生指导。与同学毕彰合作《金色的富春江》，赴尼泊尔展。

创作《井冈山》组画，赴波兰参加世界青年联欢节艺术展。

浙江美术学院本科毕业，分配至上海华丰搪瓷厂。

1965年　毕业创作《茶山春早》参加全国巡回展。

赴上海奉贤、崇明参加"四清"运动工作队。

1971年　赴浙江桐庐写生。

1972年　首次赴安徽黄山写生，为黄山奇峰、异松、云海所倾倒。

1973年　二上黄山，对景水墨写生，归来集册，蒙恩师陆俨少、应野平先生厚爱为写生册题长跋。

1974年　秋，赴富春江写生，写生册得恩师陆俨少、应野平先生题跋。

1975年　赴江西庐山写生，写生册得恩师陆俨少、谢稚柳、陈佩秋诸师题字。

1976年　在恩师陆俨少指导下完成上海工业展览馆画巨幅山水画《旧貌换新颜》。

1978年　调至上海轻工业专科学校美术系任教。参与筹办"文革"后"首届上海山水画展"。

赴泰山写生。

1980年　开始任教上海美术家协会主办的国画进修班，同时全国函授。

赴四川写生，游三峡、都江堰、大足等地。

1981年　赴浙西西天目山写生。

上海朵云轩组织海上山水画家赴桂林写生。

1983年　与乔木、任政、吴建贤等书画家随上海生活文化交流团赴日本横滨进行友好城市文化交流。

举办画展及书法、国画讲习班。

12月　应云南电力局邀请与汪观清、孙信德、唐秉耕等同去云南各地采风、作画。逢百年不遇之大雪，推迟数日返沪。

1984年

1月　与金正惠同时调入华东师范大学筹建艺术教育系。

7月　在上海美术馆举办"首届华东师范大学美术系教师作品展"，受到刘海粟、唐云等画家好评。

1986年　与金正惠带大专班学生赴云南昆明、西双版纳等地毕业实习。

为宝钢大厅创作《江山如此多娇》山水画，应野平先生为画作题字。

1987年

5月　"苏渊雷、苏春生父子书画展"在程十发院长支持下，假上海中国画院展厅举办，赵朴初题展名，唐云写序，参观者众。

是年　"苏春生水墨画展"由日本横滨海外交流协会邀请，在横滨举办。并去箱根等地旅游写生。

1988年　带大专班学生赴广西桂林写生实习。

1989年　"苏春生水墨画展"由日本大阪三爱会社举办。

《黄山写生要法》由华东师范大学出版社出版。

1990年

8月　16日，《中国书画报》介绍新著《黄山写生要法》，刊登近作《黄山烟云》。

1991年　由文汇报社主办的"苏氏三代赈灾书画义卖展"（苏渊雷、苏春生、苏毅）在锦江饭店举办，中外人士竞相选购，以献爱心。著名学者王元化、华东师范大学校长袁运开等社会各界名流参加开幕式。当时美国旧金山市市长率团宿上海锦江饭店，闻讯亦前来参观，并购买了数幅书画作品，以支持赈灾活动。

参加"上海七家画展"，在台北举办。

参加"中日书画大展"，在上海美术馆举办。

"苏春生山水画展"在江苏南通举办。

参加陆俨少艺术院建院奠基仪式。

上海电视台国际部拍摄了"山有气骨水有情——记山水画家苏春生"的电视专访，记录苏春生的创作成就。

1992 年

1 月　经上海多位书画家试镜海选选中，为上海大众汽车拍摄桑塔纳广告片，赴广州珠江电影制片厂拍摄 3 天，写 3 尺见方的大字若干，由上海电视台播放了约一年。

10 月　"苏春生黄山精品展"筹备近一年，由日本友人寺田由一邀请，在日本仙台市博物馆展出，并举办讲座。《苏春生画黄山》画册同时出版。

1993 年　携子苏毅，赴西部采风，赴西安、嘉峪关、敦煌等地参观、写生。

1994 年　参加"奥地利·中国画联展"，在维也纳举办。

加入中国共产党。任华东师范大学艺术教育系系主任。

2 月　2 日，《澳门日报》刊登介绍国画《黄海松云》。

5 月　15 日，《新安晚报》刊登施亚西文章《从自然美到艺术美——看苏春生老师作画》。

1995 年　春，与海上书画名家赴桐庐快乐度假村笔会，作《新富春山居图》，父题七绝二首，是时父咳嗽不已。

父亲住同仁医院七月之久，于 11 月 13 日逝世，追悼会千余人参加，玉佛禅寺真禅法师、华东师范大学副校长马欣荣致悼词。

1996 年

1 月　《日本水墨画》季刊 75 期专题介绍苏春生，及"黄浦画院十周年展""中日书画联展"。

"苏春生、陈鹤良、黎沃文三人行画展"在加拿大温哥华举办，并赴落基山脉写生。

4 月　15 日，《澳门日报》刊登国画《雨后黄岳》。

8 月　11 日，《文汇报》笔会版刊登国画《山水清音》，朱金晨撰文《不了黄山情——画家苏春生印象》。

《现代书画家》刊登施亚西、殷浩华文章《苏春生和他笔下的黄山》。

1997 年

9月　"华东师范大学教师美术作品展"在美国费城维拉诺瓦大学展出并举办讲座，同时与孙乃树同去参观纽约大都会博物馆以及华盛顿国家博物馆等，并赴大峡谷等地写生。

是年　获英国剑桥国际传记中心颁发绘画领域杰出成就"20世纪杰出成就奖"。

1998 年

1月　15日，《新民晚报》刊登国画《黄山之晨》。

12月　11日《上海文化报》刊登国画《黄海峰云》，王心欢撰文《妙笔传来夺化工——读苏春生的山水画》。

是年　《中国画》（与金正惠合作），由山西希望出版社出版。

1999 年

7月　31日，《黄山日报》周末版刊登介绍在黄山市首次举办的中外书画家作品联展，暨黄山市书画院举办的"氏家禾有、苏春生书画展"，并刊登氏家禾有、苏春生参展作品。

8月　26日，《新安晚报》刊登近作《云表奇峰》及文章《秀色出画境——苏春生先生的山水画》。

9月　3日，《上海法制报》刊登介绍苏春生国画《漓江帆影》。

是年　"氏家禾有·苏春生二人书画联展"在日本千叶、中国上海、黄山巡展。

主编《苏渊雷文集》四卷由上海人民出版社出版。

《氏家禾有·苏春生二人书画集》在日本出版。

2000 年

7月　13日，《文学报》刊登国画《云雾山中》。

11月　应邀参加"相约平阳——金秋游文化采风"。

是年　《中国水墨山水画教程》由交通大学出版社出版，陈燮君为其写序。

《苏春生画黄山》教学光盘8集发行，历时1年，4次赴黄山拍摄，由中央教育电视台向全国播放。

陪同方增先老师赴黄山采风。

赴四川九寨沟、成都等地采风。

2001年 为配套《苏春生画黄山》教学光盘，编绘《苏春生画黄山》技法教材，由中央广播电视大学出版社出版，方增先老师为其题书名。

从华东师范大学艺术教育系退休。

《新闻午报》刊登《苏春生的黄山情》。

为浙江平阳县人民政府大厅创作《南雁胜境图》。

2002年

11月　6日，《新民晚报》刊登国画《黄山晓翠》，王琪森撰文《画家苏春生印象》。

是年　为海军上海基地接待大厅创作巨幅山水画《黄山光明顶之晨》。

2003年 中国邮政公司发行《苏春生画黄山明信片集》，并在黄山市首发。

《苏春生作品集》由上海人民美术出版社出版。

"陆俨少提名弟子作品展"14人作品在陆俨少艺术院展厅展出。同时出版画册。

2004年 《中国画二十家——苏春生集》由北京美术摄影出版社出版。

浙江美术学院"六四届"同学重聚西子湖畔，话旧迎新。

10月　参加美国艺湾美术家协会"第二届美术展"。

2005年 参加"全国首届任伯年杯书画大赛"，获"特等奖"。

纪念父亲逝世10周年，主编《苏渊雷书画诗文集》，由上海画报出版社出版。周慧珺题签，田遨写序，并在上海、温州举行首发式。

2006年 参加上海市美术家协会主办的"2006上海山水画艺术展"。

秋，日本洗心书会、洗心水墨画会会长氏家禾有率团来沪参观，祝贺"2006上海山水画艺术展"。

入选《海纳百川——2006上海山水画艺术展作品集》并出版。

应邀去四川成都、乐山等地观光。

2007年

9月　应邀赴日参加书画展。

11月　9日，《荆州艺术晚报》书画专刊全版刊登《苏春生山水作品选》，晏小敏撰文《艺苑春生不了情——记著名中国山水画家苏春生》。

是年　参加"黄山中国山水画大展"获黄宾虹艺术奖。

《全国普通高校美术基础教材——中国画》（与金正惠等合作）由上海人民美术出版社出版。

赴杭州参加"潘天寿诞辰110周年及20世纪60年代学生作品展"。

首次去新疆采风写生，游伊犁、喀什、喀纳斯、那拉提草原等地。

2008年

参加纽约"亚洲艺术节书画作品展"。

参与主编《苏渊雷全集》5卷，由华东师范大学科研基金资助出版。主持"苏渊雷百年诞辰纪念活动"，在华东师范大学、温州博物馆、苏渊雷纪念馆等地举办展览与研讨。

主编《苏渊雷百年诞辰纪念册》，编收多篇纪念文章与祝贺书画作品，由华东师范大学出版社出版。

2009年

8月　21日，《大众卫生报》刊登《动静结合，顺其自然——访著名画家苏春生》。赴太行山写生。

是年　《中国画山水技法教程》由上海人民美术出版社出版。

《当代画史（珍藏版）》由天津人民美术出版社出版。

纪念从艺五十周年"山水清音——苏春生山水画展"在上海画院展厅举办。《山水清音——苏春生山水画集》由上海人民美术出版社出版，周退密先生题名，王琪森、孙乃树兄写序，展览时首发。

2010年

"苏春生教授山水画展"在嘉定陆俨少艺术院展出。

2011年

1月　16日，《劳动报》刊登苏春生国画《黄海雪霁》，朱毅文撰文《海上二苏竞风流》介绍苏渊雷、苏春生父子诗文书画艺术成就。

1月　27日，《松江报》专版介绍苏渊雷、苏春生父子"苏门才艺，格高韵清"。

是年　"海上二苏华亭展"在松江程十发艺术馆举办。为松江书画爱好者举办讲座，并现场示范指导。《海上二苏华亭展作品集》同时出版。

《荣宝斋画谱·苏春生卷（226辑）》由北京荣宝斋出版社出版。

"海上二苏书画作品展"在上海源流画廊展出。97岁高龄母亲傅韵碧女士及其他嘉宾参加开幕式。《海上二苏书画作品集》同时出版。

"海上二苏书画展"为庆祝苍南建县30周年在老家苍南县新建图书馆展出。

2012年

6月　3日，首届"丽娃之春海上名家艺术展"由华东师范大学和澳中在线集团在华东师范大学国际汉语教师研修基地展览中心，联合举办。华东师范大学校长俞立中作序。苏春生参展的山水画作品赢得参观者一致好评。

7月　25日，《新民晚报》刊登国画《漓江秀色》，恽甫铭撰文《苏式黄山》。

参加"上海书画名家精品慈善义拍"（为南非孤儿捐款）拍卖成功。

是年　赴济源王屋山、太行山写生。

《黄海烟霞》参加"郑州全国山水画大展"获银奖。

被"海上画坛"评为最具学术价值的十大"海上画家"之一。

2013年

"海上二苏暨雪堂书画研究院书画作品展"在老家平阳文化馆展出，并去南麂岛观光。

苏渊雷诞辰105周年纪念活动在玉佛禅寺万佛堂和苍南县举办，得到上海市佛教协会、华东师范大学、哈尔滨师范大学、苍南县委宣传部等大力支持。

《卓尔不群——国学大师苏渊雷》专题电视片，历时1年，在上海、杭州、温州和黑龙江等地采访拍摄，收集素材。上海电视台纪实频道播出。著名画家陈佩秋题字。

"海上苏氏书画展"由上海苏氏联谊会主办，并出版《海上苏氏书画作品集》。

参加刘海粟美术馆举办的"采撷黄岳法古黟——名家黄山画展"。

作品《莲蕊月夜》参加黄山市第八届文化节"黄山书画院精品展"。

2014年

《清游纪胜——苏春生卧游图册》出版，恩师陆俨少先生题跋与家父题山水诗，舒士俊写序。

"海上二苏中原书画展"在河南郑州博物院展出百余幅作品，颇获好评。

2015年 上海笔墨博物馆举办"丹青翰墨诗传神——海上文化名人苏渊雷纪念展"，并出版纪念册及举办研讨会。

参加"米兰世博会中国艺术名家展"，获金奖。

参加"海上墨韵——苏春生、郑孝同、胡考三人书画展"在南京展出，《海上墨韵画册》同时出版。

2016年 "墨海三友——苏春生、郑孝同、胡考书画精品展"在上海吴昌硕纪念馆展出，《墨海三友画册》同时出版。

嘉定华亭画院成立并创办"墨海三友工作室"，同时举办"墨海三友展"，并进行文化艺术交流活动。

虹桥国际机场大厅画廊举办海派山水苏春生等四人展。

中国新时代传媒集团刊物《大城市——中国》刊登日本记者采访，介绍苏春生。

2017年

10月　金山"中洪艺术沙龙"成立，参与书画文化交流。

11月　参加"风景独好看'偏锋'艺术邀请展"。

12月　"海上二苏书画翰墨文献展"在韩天衡美术馆开幕，柯文辉撰文《一管擎天笔，千秋动地歌》，王琪森撰文《艺林大观》并刊登苏渊雷、苏春生国画作品。《文汇报》中国书画版整版刊登《丹青翰墨，文献精彩》。《苏渊雷苏春生丹青翰墨》画册同时出版，王琪森、苏春生主编。

是年　"庆香港回归20周年璀璨天工·艺术大家作品展"在香港中华书画艺术中心举办。

《云山入梦——苏春生山水卷图集》出版。

参加"再出发——华东师范大学美术学院首届教师作品展"。

2018年

8月　在上海虹桥国际机场2号航站楼艺术空间举办画展。

2019年　《黄山韵1—3》参加"风起海上——2019华东师范大学美术学

院教师作品展",并入选《风起海上》画册,由华东师范大学出版社出版。

11月　参与成立"上海渊雷文化艺术基金会"并举办"海派名家慈善书画展"。

2021年

7月　作品《朱砂冲哨口晨曦》《太行朝晖》参加由陆俨少艺术馆与上海渊雷文化艺术基金会举办的"庆祝中国共产党成立100周年:井冈山、太行山颂——上海市山水画名家作品展"。

作品6幅参加"风华海上(2021)——迎校庆70周年华东师范大学美术作品展"。

苏春生谈艺录

感悟辑录

余自幼喜好丹青，与笔墨为伴数十年，略有所悟所得而已。时读前贤画论，每每中肯，颇有得益启迪，遂更知己之不足多矣。时录警句，略作阐述，以资借鉴闻道之用，欲与同道共勉之。

立志

欲学山水，必立大志，以作砥砺。古人云："读万卷书，行万里路。"首先要开阔眼界，更要有博大胸怀。放眼大自然，体验造化万物生生不息的变化与强大无比的生命力。认识到人与自然和谐协调，真正理解大自然之"道"。"画之道，所谓宇宙在乎手者，眼前无非生机。"（明·董其昌）以虚静空明之心，观照自然之道，此乃"天人合一"理念之谓也。

道与器

此即以技出发，上至艺，最后提升到道的境界。这亦是"道"与"器"的关系。同时也要师法自然，以名山大川为师，"搜尽奇峰打草稿"。

笔墨

笔墨是画家表现自然景物最重要的手段。"笔以立其形质，墨以分其阴阳，山水悉以笔墨而成。"（宋·韩拙）对于用笔的方法与忌讳，明末画家龚半千诗说得好，"用笔宜活活能转，不活不转谓之板。活忌太圆板忌方，不方不圆翕且张。

拙中寓巧巧无伤，唯意所到成低昂。要之至理无今古，造化安知倪与黄。"俨少师多次教诲，用笔之道，重点要放在力度上，要揿得下，提得起。揿得下，用笔腹、笔根，要揿得重，揿得杀；提得起，用笔尖画线，虽细，依然中锋有力，这样的力度，线条才能生气勃勃。为了使笔墨有神彩，要有书法功底，此乃"书为心画"也。

墨法有多种：有积墨、破墨、泼墨、焦墨等不同方法，其关键在于水的干湿运用及行笔的徐疾速度。墨以笔出，下笔之际，笔锋转动，发生起侧、顿挫、粗细、徐疾等变化，其变化是利用墨色记录下来的，墨色的浓度，干湿给行笔增加众多的墨彩变化，故笔墨合体，笔力墨韵有机结合，艺术作品才能现生动之气韵。当然，学好用笔的技巧，是关键第一步。

丘壑

丘壑是画家掌控画面景物结构变化与多样统一的能力，亦是对山川景物特征认识与积累的把握。"笔墨之妙，画者意中之妙也。故古人作画，意在笔先。再画时意象经营，先具胸中丘壑，落笔自然神速。"（清·方薰）学画者多追究笔墨技巧，对于章法位置往往忽视。丘壑的安排设计是一幅作品好坏的基本条件，平时不断积累很为重要。"作画莫难于丘壑，丘壑之难在夺势，势不夺则境无夷险也。起落足则不平庸，收末紧则不散漫，时而徒崖绝壑，时而浩渺千里，时而遇之意远情移，时而过之惊心摄魄，旷若无天，密如无地，萧寥拍塞，同是佳景。"（清·范玑）这的确是很中肯的论述，值得深深体会之。

意境

意境是艺术作品的灵魂与归宿。好的作品必有深远、感人的意境，有诗情哲理，有内蕴语境，令人味之无极，遐思无限，以引起欣赏者迁想与共鸣。有了精湛的笔墨技巧，又掌握了丘壑布陈的能力，才能从"技"提升到"艺"，最后要升华到"道"，即意境层面。这就要求画家在构思、运笔的过程中，倾入内心的思想感情。以情写景，以景喻情，情景合一，才能创作出感人的作品。此即"外师造化，中得心源"的艺术过程。"情景入妙，为画家最上关捩，谈何容易？宇宙之间唯情景无穷，亦无定向，而画家亦无成见，只要多历山川，广开眼界，亦要多览古今人的墨迹。"（清·布颜图）唯有情景两者的和谐统一，情景相生，情景交融，才能画出有意境的好作品，才能有艺术的美，达到画作的最高层次。这是我辈学画者，毕生要努力追求的。

气与势

五代荆浩曰："山水之象，气势相生。"一幅好的作品必须是气通事顺，才具有感染力。"山形树态，受天地之生气而成，墨渖笔痕，诧心腕之灵气以出，则气在是，亦即势之在是也。气以成势，势以御气。势可见，而气不可见，故欲得势，必先培养其气，气能流畅，则势自合拍。"（清·沈宗骞）这是气与势的论辩看法，特别在大幅山水画崇山峻岭的描绘中，尤其要注意气与势的整体处理。中国画讲究得"气"，崇尚得"势"，此乃东方美学之境界也。

虚与实

初学者重景物之描绘，在实处多下功夫，往往在画面上堆砌过分，而不知虚实的重要性也，不会处理虚与实是对立的统一。虚处有实，实处见虚，以一当十，以繁为简，这是相互转化，互为作用的。从大象无形到境生象外，就是虚实的魅力。"凡理路不明，随笔填凑，满幅布置，处处皆病。至点出无画处，更进一层，尤当寻味而得之。人但知有画处是画，不知无画处皆画。画之空处，全局所关，即虚实相生法。人多不著眼空处，妙在通幅皆灵，故云妙境也。"（清·王翚、恽寿平）此言道出空虚之重要，现实画者往往贪多，景物见空白就加，画面塞闷，何来灵气。"山川草木，造化自然，此实境也。因心造境，以手运心，此虚境也。虚而为实，是在笔墨有无间，故古人笔墨具见山苍树秀，水活石润，于天地之外，别构一种灵奇。或率意挥洒，亦皆炼金成液，弃滓存精，曲尽蹈虚揖影之妙。"（清·方士庶）所以，画面虚与实的处理，黑与白的分布，关系到气与势的构成，关系到画面是否有勃勃生气与感染力，解此画理，则画道过半矣。

诗与画

古人云："诗是无形画，画是有形诗。"一幅好的作品必有诗情画意的体现，要求画者，不仅在笔墨技法上、丘壑处理上达到一定的水准，更要在学识、修养上提升自己的水平。故俨少师提出，学画者在从艺过程中，需"四分读书，三分写字，三分画画"，把个人的文化素养、人品修炼提到重要地位。这关系到画者的胸襟、眼光与境界的高低，也决定了作品的画品之高下。"读书破万卷，下笔如有神。"

今天我们学习山水画，要提高文化涵养，追求意境表达，必须从中华传统优秀文化中汲取营养，历来的依诗作画或为画题诗，都要求画者有较高的文化修养。"诗中画，性情中来者也，则画不是可拟张拟李而后作诗。画中诗，乃境趣时生者也，则诗不是生吞生剥而后成画。真识相触，如镜写影，初何容心，令人不免唐突诗画矣。"（清·石涛）石涛所言的诗画结合，是一个较高的追求，不是随便抄袭，凑合而成。当努力在笔墨之外，加强诗文的学习，提高综合文化素养。钵翁有言，现代画家能够因画题诗的，已不多了。但是，不会题诗也无妨，只要画者有诗的生活，理解诗的意境的追求，也可以画出有诗意的、能感染观者的作品来。因此，诗中有画，画中有诗，诗画相融，才能达文心雕龙之境，才会有诗与远方。

雪堂思语

中国山水画具有独特的表现形态和深厚的美学语境，从技法层面上讲，应是笔精墨湛，构图生动。从审美层面上讲，应是烟云供养，天人合一。诚如老子所言："道，可道，非常道。"当代中国山水画的创作正进入一个承前启后、继往开来的转型期，各家，各派，各技多元展示，呈现了流派纷呈、瑰丽多姿的格局。这里既有对优秀传统的吸纳，对前贤大师的效法，又有自辟蹊径的探索，别具一格的创新。

我从事山水画亦有60余个春秋。作为一个丹青艺苑的跋涉者，面对当代山水画坛的精彩或兴盛，我始终感到要寻找到自己个性化的笔墨语汇和独创性的艺术元素，殊非易事。但我始终认为中国山水画应注重三点：一是精湛的笔墨技法；二是独特的审美追求；三是高逸的境界内涵。

山水画的笔墨技法是创作的艺术载体，笔墨技法是否造诣深厚、功力精湛、表现圆熟，既要靠长期实践的修炼，亦要靠深入思考的领悟。如五代荆浩、关仝、董源、巨然在笔墨技法上的表现与追求，可谓是心随笔运，取象不惑，在笔法上皴染兼备，在气势上峭拔雄迈。如荆浩的"恣意纵横扫，峰峦次第成"的全景式山水，关仝的"笔愈简而气愈壮，景愈少而意愈长"的表现方法，董源的"写山水江湖，风雨溪谷，峰峦晦明，林霏烟云"的形式美感，巨然的"明润葱郁，最有爽气"的视觉效果，都构成了笔墨技法表现系统，亦达到了一种极致状态，这亦是中国山水画笔墨技法的精要。在宋元以后，山水画的笔墨技法更趋完善而多变，特别是明董其昌提出山水南北宗说，在笔墨技法上的要求更为精细精妙。因此，作为一个当代山水画家，对笔墨技法演变的了解及掌握，必须达到相当的水准，才能在创作时挥洒自如，得心应手。

　　审美追求，是属于艺术思维的高级层面，中国山水画创作的时代发展及艺术推进，都取决于审美追求的高下及强弱，从而可见山水画创作的审美追求是一面旗帜，起着引导作用。如我以黄山为友，39次登临，执着地为黄山写照，无论是笔墨线条的变幻灵动、构图造型的生动变化，无论是长披麻还是大斧劈，是荷叶皴还是雨点皴，都重在表现黄山的风骨气韵，从中凸显出一种审美追求，这才能使画作中有藏魂隐魄的魅力。

　　意境内涵，是艺术创作中最难表现的层面，特别是山水画创作，并非是自然景色的简单照搬或照相主义的机械复制。如清八大、石涛的山水创作以少胜多，以简胜繁，使之情理并茂，意境深邃而内涵丰逸，在造境、造势、造意方面，让画家的创作倾向通过笔墨与意境的融合而折射出来。

　　中国当代山水画创作如果能真正在这三方面取得突破，那么这将是一个高端发展的开始。

苏春生在指导儿子苏毅作画

苏春生写生和创作构思稿

1963年,井冈山写生

1963年,井冈山写生

1963年,井冈山写生

附 录 217

1963 年，山西云冈石窟写生

1963 年，山西云冈石窟写生

1963 年，山西云冈石窟写生

1963年，雁荡山写生

1963年，雁荡山写生

1978年，泰山写生

附 录

1978年，泰山写生

1978年，泰山写生

1985年，张家界写生

1985年，张家界写生

1985年，张家界写生

1985年，张家界写生

1986 年，云南写生

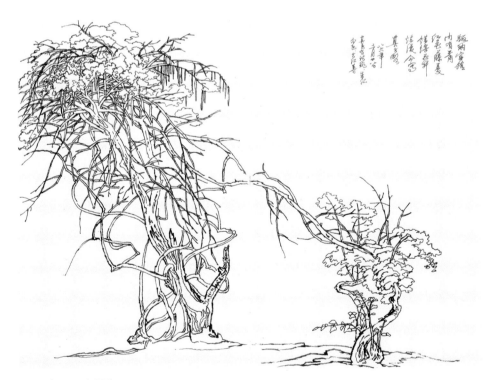

1986 年，云南写生

附　录　223

1986 年，云南写生

1986 年，云南写生　　　　　　　　　　1986 年，云南写生

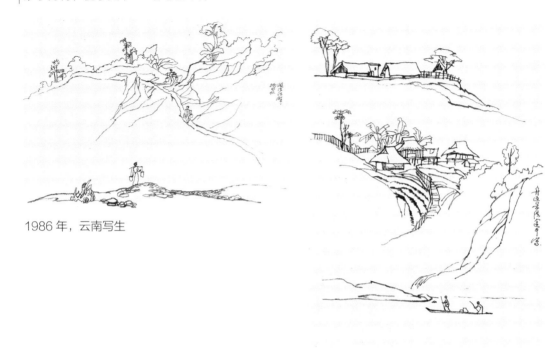

1986 年，云南写生

1986 年，云南写生

1986 年，云南写生

1991年，乌镇写生

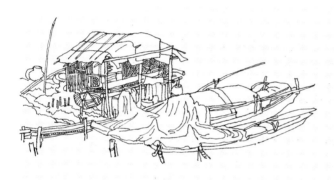

1991年，乌镇写生

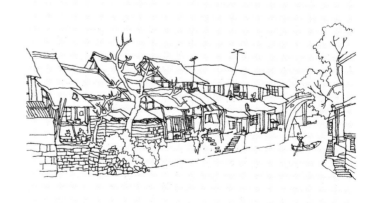

1991年，乌镇写生

2009 年，太行山写生

2009 年，太行山写生 　　　　　　　　　2009 年，太行山写生

附 录 | 227

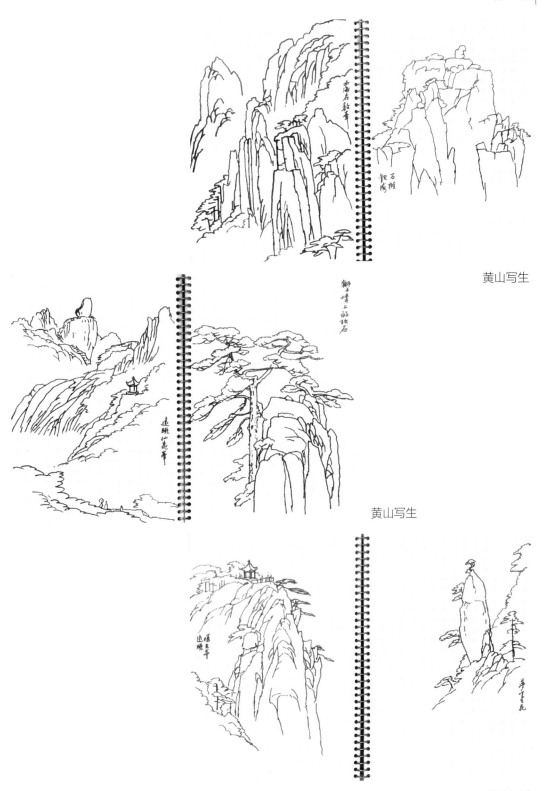

黄山写生

黄山写生

黄山写生

桂林写生

桂林写生

桂林写生

附 录 229

《千峰竞秀》创作构思稿

《山水清音》创作构思稿

《黄山朝日》创作构思稿

《黄山光明顶》创作构思稿

《千峰竞秀》创作构思稿

《奇峰叠翠》创作构思稿

《秋山明丽　顺风万里》创作构思稿

后　记

20世纪80年代初中期，我求学于著名文史哲大家苏渊雷先生时相识春生兄长，他是苏渊雷先生哲嗣。说来有缘，苏渊雷夫人傅韵碧故乡和我父亲同在浙江宁波傅家宅，同一村，同一族，我被师母称为"自家人"。在向苏老求学期间，我求知若渴，在听苏老讲授文史哲知识要点时，我都像苏老在《读书之乐乐如何》一文中说的那样："读书首贵'好学深思，心知其意'，眼明手快，如遇坏人，一把抓住。如遇新颖可喜之论或动人之处，虽只一字一句也不放过，当即录下，时时记诵，俾永不忘却。"时至现在，我也牢记苏老的教诲，看报纸、书籍中的妙句，

1994年，傅明伟组织在金桥开发区的创作笔会，苏渊雷先生及师母即兴挥毫，为书画家作品题诗

1991年，《世界妙语大全》新书发布会

1994年，《世界妙语精粹大典》新书发布会，上海市老领导夏征农夫妇（左一、左二）、杜宣（右一）、苏渊雷（后排居中）等参加

1994年，《世界妙语精粹大典》新书发布会上，邵洛羊发言

也一一记下，时常翻出看看。苏老教我的学习方法，使我获益匪浅。

苏春生出生于诗文书画传家的"钵水斋"，自幼得其父家教，喜爱书画与古诗文，幼年起受海派名家唐云、钱瘦铁点拨。1959年始求学于浙江美术学院时受潘天寿、陆俨少、方增先诸大师的亲授，因此其山水画饱含着浓郁的书香和沉潜儒雅的文人气息。他的作品笔墨精湛，画风典雅，尤为黄山传神，奇峰耸秀、烟云变幻的气韵为时人所重。

在本书写作快结束时，我脑海中忆起与苏春生在相知几十年里，我俩曾经共同组织、策划书画家活动的一些往事……他是我的良师益友，清风高谊。

20世纪90年代初始，我在书画界较活跃，一是因为在20世纪70年代初期参加工作时我到上海市五七文化干校劳动、学习，改造世界观，在此期间也熟悉了多位画家，与之结下特殊年代的情谊，他们现在大都成为书画大家。二是因为苏老熟悉来往的书画大家，还有在工作中有联系的书画名家，和我结下忘年交，他们几乎都送画给我，以资鼓励我这个"小老弟"。因此，我经常组织书画家参加书画创作笔会、展览。每遇活动，我必请苏春生，除到场挥毫外，还在结束前策划书画家合作画题材，画面构思，并开笔作画，苏春生总是忙前忙后直至活动结束，令我心怀感激。现在忆起，虽已过去30多年了，但当时文人书画雅集，和苏渊雷、吴青霞、刘旦宅、吴野洲、曹简楼、赵宏本、胡铁生、顾炳鑫、施南池、邵洛羊、高式熊、任政、乔木、蔡一鸣、王宏喜、潘宝珠、金正惠、许亚军、徐有武、刘小晴、吴玉梅、颜梅华、梁洪涛、应鹤光、周成、赵豫等书画家在一起开心、快乐的情景历历在目，记忆犹新。

20世纪90年代初，我出版了180万字的《世界妙语大全》，出版社组织召开新书发布会，苏老在书中题词。苏春生在开会期间，当场作画一幅八尺整张的《黄山松树图》，作品中有苏老及参加会议的同济大学副校长、河海大学副校长及上海交通大学、华东政法大学、华东师范大学的几位著名教授的题词。现在还记得苏春生作画时，来宾都纷纷称赞画得好，称赞他的笔墨技巧，画出从自然美到艺术美的作品，向我投来羡慕的眼神和微笑。这是我的第一次新书发布会，在当时是规模超前的。

2013年底，苏春生又在画中补景并题词，他给我的鼓励我一直记在心里，常在友人间提起。

1994年，经过搜集、整理，努力编写，我出版了近300万字的《世界妙语精粹大典》一书，在第八届全国图书"金钥匙"奖评选活动中，荣获三等奖。此次的新书发布会，在新上海酒店举行。上海市市委老领导夏征农、市文联主席杜宣等文化名人及书画名家都前来祝贺。苏春生满面春风，忙前忙后，当其父亲苏渊雷先生首先开笔挥毫题诗时和师母前后照应，那一幕开心、激动的情景深

1994年，在《世界妙语精粹大典》新书发布会上，乔木、吴野洲、吴青霞、苏渊雷、刘旦宅、苏春生等挥毫作画

1994年，在《世界妙语精粹大典》新书发布会上，苏渊雷、乔木、曹简楼、赵宏本等挥毫作画

深地印在我脑海中，感恩不已。

2013年，我遵照苏春生的委托，整理《苏渊雷全集》，从哲学卷、史学卷、文学卷、诗词卷、佛学卷中摘录精彩片段编成《苏渊雷文萃》。我不敢半点懈怠，细心严谨地把苏老的重要思想、学术观点分类编排，自认为是编书、出书经历中最用心、最为满意的一部。后又写了《苏渊雷评传》一书，介绍苏老一生的经历及学术成果，现在看其书，觉得写作时资料来源不像如今丰富，没有全面深入地编写，加上学识浅薄，留下遗憾，惭愧不已。我自想应在适当的时间里，再版时尽量补去遗憾，将"海上二苏"诗心文胆、丹青流芳尽收笔底，以此告慰恩师的在天之灵。

这本《妙手丹青，桃李天下——苏春生评传》纯由感念之情思、敬佩之激情所至。既有心愿，根据现有资料，忠于事实的展开陈述，由此不难追寻苏春生自小热爱大自然，立志艺术，好学深思，以大自然为师，不断探索出新的艺术创作的心路历程，更品得苏春生在大自然的熏陶下，终成中国山水画大家及收获的学术成果。

《妙手丹青，桃李天下——苏春生评传》问世了，我要感谢中共中央宣传部原副部长、著名学者龚心瀚先生，我在写作本书定稿后，请他题词。龚老年高德劭，欣然提笔为本书题词，题词中称赞了苏春生承继中华传统优秀文化和艺术创新取得的成就，言简意赅，为本书增色不少。

我要感谢中国佛教协会副会长、上海玉佛禅寺方丈觉醒大和尚，当我希望他为本书写篇序文时，他一口答应，在百忙之中写下序文，称赞苏春生"苏氏黄山画风"名重艺林，常青艺史，对我也是勉励有加，为中国传统文化的传承发展再添助翼。

我要感谢上海市文联原党组书记、作家李伦新先生,在阅读书稿后,写下序文。序文中称赞了苏春生在长年的创作实践中汲取中华传统绘画的神采和精华,开创了自己山水画的独特风格,又有对我后学的勉励,使我铭记在心。

我要感谢著名学者陈燮君先生,满怀知友情谊,写下序文。

在书画创作研讨会上,傅明伟、李敏请乔木作画

序文中提纲挈领地介绍了苏春生一路走来的艺术创作成就,不但使读者可从多方面了解苏春生,而且启发了承继中华传统优秀文化的思考。

我要感谢卞企民学弟对本书编写的关心,时常在深夜来电与我交谈写作的思路,挚友相知的情感,令我心存感激。

我完成了多年前的心愿把"海上二苏"诗心文胆、丹青流芳尽收笔底,不禁喜形于色,心旷神怡……

我要感谢在苏春生60余载艺术人生中发表关于苏春生书画创作、艺术创新评论文章的恩师、同事、学子、故乡友人以及著名学者、文化名人,他们点点滴滴的记述使我"读书得间",使我在写作本书过程中或引用片段或开阔思路,增益不少。

我还要感谢上海大学出版社领导的支持和帮助,以及编辑柯国富、祝艺菲严谨细致的审稿、编排工作,他们的辛勤付出使本书得以顺利出版,使我感恩不已。

最后需要说明的是:本书旨在全面反映中国山水画大家苏春生的艺术人生和学术成就,然而限于本人的学识和能力,与读者见面的成书,离我写作初衷还有些差距,特别是对古今山水画承继、发展及风格、特色的记叙及资料的选取还存在一些缺憾,恳请读者诸君谅解。

傅明伟

2021年8月

苏春生作品选

苏春生作品选 | 237

周退密题"山水清音——苏春生山水画集"　　赵朴初题"苏渊雷苏春生父子书画展"　　赵朴初题"苏春生书画"

苏渊雷为苏春生画展题"天开图画　春满乾坤"

陆俨少题"苏春生画展"

唐云题"黄山写生"

陆俨少题"清游纪胜"
1982年

程十发题苏春生斋名"雪堂"　1993年

《白云三十六峰深》 六上黄山归来作

《云石深秋红似火》 与唐逸览、应鹤光合作 1977年

《鲁迅精神　万古长青》　1973年

《峡江秋韵》　20世纪80年代作

《远眺采石矶》 苏春生画　苏渊雷题诗　75cm×41cm　1979年

《灵峰耸秀》 160cm×80cm 1984 年

《雨后黄山铁铸成》 180cm×80cm 2006 年

《奇峰耸秀白云舒》 100cm×45cm 2006年

《归帆出雾中》 100cm×55cm 2008 年

246　妙手丹青，桃李天下——苏春生评传

《黄山云图》　68cm×45cm　2010 年

《白云三十六峰深》 136cm×68cm 2013年

《云涛万顷松色翠》 69cm×45cm 2014年

苏春生作品选 | 249

《坐看云起》　70cm×20cm　2017年

《秋山红树》　70cm×20cm　2017年

《黄山韵之一》　180cm×60cm　2017年　　　　《黄山韵之二》　180cm×60cm　2017年

《黄山韵之三》　180cm×60cm　2017年　　　　《黄山韵之四》　180cm×60cm　2017年

《石猴观海》
180cm×60cm

苏春生作品选 | 253

《千峰迎晓日 万壑布春辉》
180cm×60cm 2009年

254　妙手丹青，桃李天下——苏春生评传

《太行朝晖》
180cm×60cm　2021年

《朱砂冲哨口晨曦》
180cm×60cm 2021年

《美国黄石瀑布》 100cm×80cm 2003年

《日本秋芳古洞》 46cm×59cm 2004 年

《听涛》 68cm×68cm 2004 年

《山水清音》 90cm×60cm 2006年

《溪云过雨》 68cm×68cm 2006年

《石猴观海》 68cm×68cm 2007年

《幽林深处听潺湲》 68cm×68cm 2008年

《飞鸟相与还》 68cm×68cm 2008 年

《白云红树听潺湲》 68cm×68cm 2008年

《东坡赤壁夜游》 68cm×68cm 2011年

《奇峰耸秀图》 51cm×51cm 2014年

《秋亭风帆图》 53cm×53cm 2014年

《黄山烟云》 27cm×13.5cm 1982年

《雁荡龙湫》 27cm×13.5cm 1982年

苏春生作品选 | 269

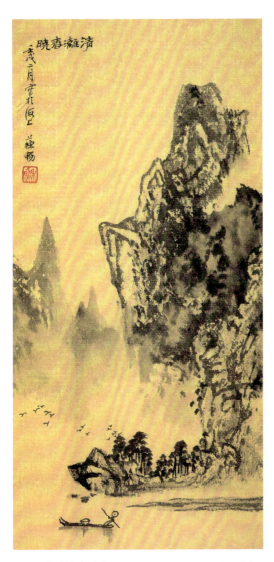

《清漓春晓》 27cm×13.5cm 1982年

《峡江轻舟》 27cm×13.5cm 1982年

《诗画合璧之一 版纳月夜》
55cm×34cm 2014年

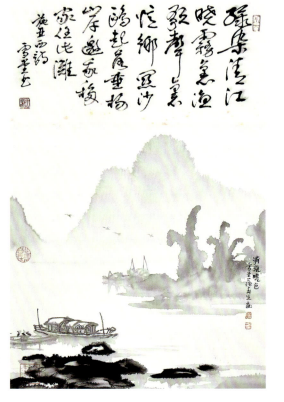

《诗画合璧之二 清漓晓色》
55cm×34cm 2014年

《诗画合璧之三 峡江轻舟》
55cm×34cm 2014年

《诗画合璧之四 月亮湾晓雾》
55cm×34cm 2014年

陆俨少先生题
《浙游写生集》
23cm×35cm
1975 年

应野平先生题
《浙游写生集》
23cm×35cm
1975 年

《浙游写生集之富春江水电站》　23cm×35cm　1974 年

《浙游写生集之白沙新貌》
23cm×35cm　1974年

《浙游写生集之桐庐远眺》
23cm×35cm　1974年

《浙游写生集之千尺大坝锁蛟龙》　23cm×35cm　1974年

《浙游写生集之富春秋色》　23cm×35cm　1974年

《浙游写生集之秋艳》　23cm×35cm　1974年

《浙游写生集之桐君秋早》　23cm×35cm　1974年

《浙游写生集之桐庐大桥》　23cm×35cm　1974年

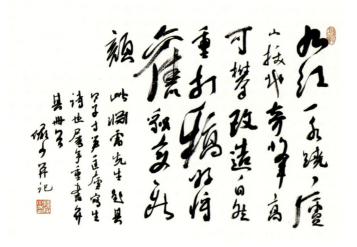

陆俨少先生书钵翁诗
为苏畅题《庐山写生册》
34cm×45cm 1975年

谢稚柳先生题《庐山写生册》
34cm×45cm 1975年

陈佩秋先生题《庐山写生册》
34cm×45cm 1975年

《庐山写生册之秀峰遥望飞瀑》
34cm×45cm　1975年

《庐山写生册之含鄱口》
34cm×45cm　1975年

《庐山写生册之黄龙潭》
34cm×45cm　1975年

《庐山写生册之三宝树即景》
34cm×45cm　1975年

《庐山写生册之龙首崖》
34cm×45cm　1975年

《庐山写生册之乌龙潭》
34cm×45cm　1975年

《庐山写生册之三峡桥》
34cm×45cm　1975年

《庐山写生册之五老峰》
34cm×45cm　1975年

《庐山写生册之自仙人洞望御碑亭》
34cm×45cm　1975年

《沧浪无限情》　35cm×43cm　2008年

《云海腾飞图》　46cm×70cm　2010年

《唐贤诗意图册之王勃诗意图》　45cm×50cm　2017年

《唐贤诗意图册之刘禹锡诗意图》　45cm×50cm　2017年

《唐贤诗意图册之王维诗意图》　45cm×50cm　2017年

《唐贤诗意图册 10 开》　45cm×50cm　2017年

《唐贤诗意图册之王湾诗意图》　45cm×50cm　2017年

《水墨淋漓山水四景》 19cm×230cm×4 （陈佩秋题引首 19cm×61cm） 2017年

《四季水墨山水之春》
40cm×70cm　2017年

《四季水墨山水之冬》
40cm×70cm　2017年

《牧牛归村》　00cm×00cm　汪观清、苏春生合作　2000年

《奇峰耸秀　海日腾波》　90cm×180cm　2005年

《雨后黄山铁铸成》 50cm×100cm 2004年

《黄岳梦游图》 62cm×129cm 2006年

《顺风万里图》 90cm×180cm 2010年

苏春生作品选 293

294　妙手丹青，桃李天下——苏春生评传

《漓江春水客舟轻》　39cm×69cm　2013年

妙手丹青，桃李天下——苏春生评传

《水墨黄山图卷》 45cm×1350cm （谢稚柳题引首） 1991年

苏春生黄山图卷

丙子仲冬谢奠轩题

298 | 妙手丹青，桃李天下——苏春生评传

《清漓春早卷》　23cm×136cm

《摩云揽月卷》　34cm×138cm　（周慧珺题引首　田邀题跋）　2005年

《林泉高致卷》　45cm×370cm　（陈佩秋题引首　周退密跋诗）　2007年

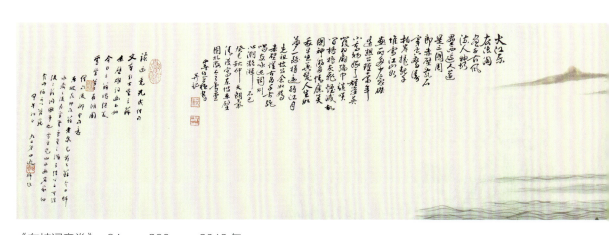

《东坡词意卷》　34cm×260cm　2013年

《白云三十六峰深卷》　34cm×136cm　2014 年

《昨梦黄山卷》　23cm×137cm　（郑孝同题引首）　2016 年

黄山昨夢生無燕

《溪山幽远卷》 19cm×234cm （自题引首） 2015 年

《山水清音卷》 23cm×136cm （自题引首） 2016 年

《春江叠翠卷》 23cm×138cm 2016年

《笑傲江湖卷》 34cm×136cm （汪观清补人物 胡考题引首） 2016年

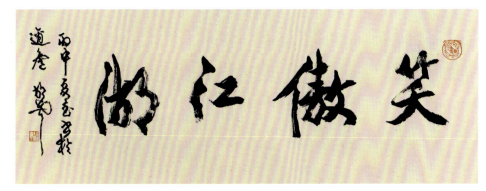

《钵翁诗意图卷》　18cm×180cm　2016年

《秋江远眺卷》　34cm×136cm　2016年

《高山流水卷》　34cm×137cm　（汪观清补人物）

《万古江天卷》　34cm×139cm　2016年

《黄海卧游卷》　34cm×230cm　2017年

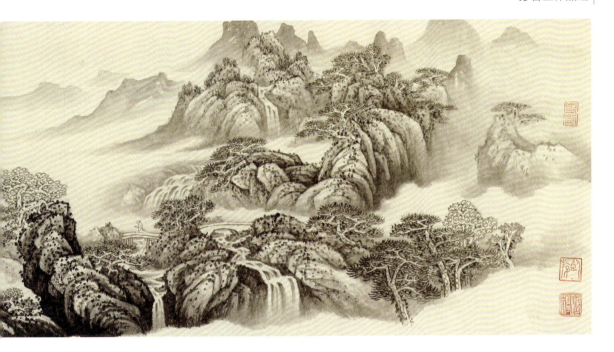

《陆俨少、苏春生书画合卷》 19cm×332cm （张森题引首 19cm×80cm） 2017年

陸儼少蘇春生書畫合卷

丁酉冬張森題

沁園春·雪

北国风光，千里冰封，万里雪飘。望长城内外，惟余莽莽；大河上下，顿失滔滔。山舞银蛇，原驰蜡象，欲与天公试比高。须晴日，看红装素裹，分外妖娆。

江山如此多娇，引无数英雄竞折腰。惜秦皇汉武，略输文采；唐宗宋祖，稍逊风骚。一代天骄，成吉思汗，只识弯弓射大雕。俱往矣，数风流人物，还看今朝。

《长松虚亭》 32cm×68cm 2009年

《千岩竞秀》 21cm×21cm

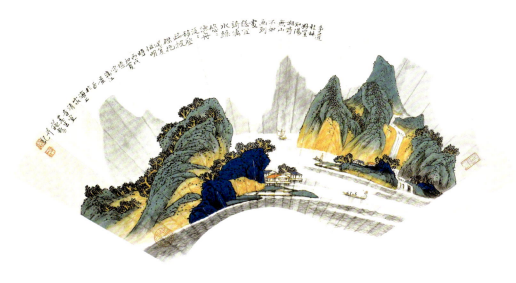

《漓江山水》 27cm×56cm 2006 年

《林泉高致》 21cm×21cm

《漓江春早》

《黄山胜境》 21cm×21cm

《秋水明净　顺风万里》　26cm×54cm

《漓江春景》　26cm×54cm　2006 年

《奇峰耸秀》 27cm×55cm 2007年

《溪亭云山》 32cm×68cm 2009年

《观心自在》

《钵翁梅花诗三首》

苏春生书画常用印

苏畅
方介堪篆刻

苏春生
叶露渊篆刻

苏春生
韩天衡篆刻

云山入梦
费名瑶篆刻

苏畅印信
韩天衡篆刻

苏春生印
韩天衡篆刻

苏畅
韩天衡篆刻

山水清音
费名瑶篆刻

苏
费名瑶篆刻

苏春生印
胡考篆刻

苏春生八十岁以后作
费名瑶篆刻

雪堂书画
费名瑶篆刻

山水中人
苏毅篆刻

苏春生书画常用印

玉龙草民
陈身道篆刻

苏畅
陈身道篆刻

雪堂
吴承斌篆刻

雪堂
吴承斌篆刻

玉龙苏氏
裘国强篆刻

雪堂
裘国强篆刻

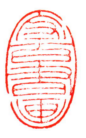
守玄书画
吴承斌篆刻

苏　春生
吴承斌篆刻

畅翁
裘国强篆刻

卧游
裘国强篆刻

佛像
丁伟鸣篆刻

江山如画
刘柏年篆刻

虎（肖形印）
徐白篆刻

雪堂长寿
董长剡篆刻

雪堂
董长剡篆刻

玉龙草堂
董长剡篆刻

图书在版编目（CIP）数据

妙手丹青　桃李天下：苏春生评传/傅明伟著．——上海：上海大学出版社，2021.9
　ISBN 978-7-5671-4320-3

Ⅰ．①妙…　Ⅱ．①傅…　Ⅲ．①苏春生－评传　Ⅳ．① K825.72

中国版本图书馆 CIP 数据核字 (2021) 第 188938 号

本书由上海渊雷文化艺术基金会资助出版

责任编辑　柯国富
助理编辑　祝艺菲
技术编辑　金　鑫　钱宇坤
装帧设计　谷夫平面设计

策　　划　桂国强
绘　　画　苏春生

书　　名	妙手丹青，桃李天下：苏春生评传
著　　者	傅明伟
出版发行	上海大学出版社
社　　址	上海市上大路99号
邮政编码	200444
网　　址	www.shupress.cn
发行热线	021-66135112
出 版 人	戴骏豪
印　　刷	上海颛辉印刷厂有限公司
经　　销	各地新华书店
开　　本	787mm×1092mm　1/16
印　　张	22
字　　数	440千
版　　次	2021年10月第1版
印　　次	2021年10月第1次
书　　号	ISBN 978-7-5671-4320-3/K·242
定　　价	280.00元